昭和史七つの謎と七大事件

戦争、軍隊、官僚、そして日本人

保阪正康

角川新書

新版まえがき――「出世」「無責任」「反歴史」の軍官僚たち

近現代日本は、基本的には中央集権の官僚国家だった、といっていいだろう。幕末から維新にかけて、江戸幕府の官僚体制はほぼ壊滅したと思えたのだが、近代化を急ぐプロセスにおいて、結果的に、より露骨な官僚制度が確立したと言えるのではないか。

本書は、昭和という時代の戦争、主に太平洋戦争期の軍官僚の実態を記述した書である。私たちはいくつもの誤解を以《もっ》て、昭和という時代や戦争の現実を分析しているように思える。とかく忘れがちなのが、あの戦争の内実を調べれば調べるほどに政治家と軍人の戦争ではなかった、という点である。確かに、戦争の個々の局面では軍人が差配した戦争であった。だが、それは戦闘の部分であり、戦争という大局的な枠組みでは、すべて軍官僚が差配していたのである。

本書で描きたかったのは、まさにその点であった。一例を挙げる。本書でも触れている点であるが、「戦争政策」は、本来ならば政治家と軍事指導部が何度も協議をして決めていき、最終的には天皇が出席する御前会議で裁断が下されるのが筋である。ところが、日本では軍官僚だけで決定する歪みがあった。こういうと、いや日本にも大本営政府連絡会議があったではないか、と口にする論者がいる。まさに一知半解でしかなく、これは答えにはなっていない。現実を分析すれば、すぐにわかることだ。

この点は、本書で指摘している通りである。さらに付け加えるならば、確かに連絡会議は開かれていたが、政府の実態はどんなものだったのか。そこを見る必要がある。政府とは名ばかりで、東條英機《とうじょうひでき》内閣側で常時出席していたのは、首相兼陸相の東條英機と海相の嶋田繁《しまだしげ》太郎《たろう》、そして企画院総裁の鈴木《すずき》貞一《ていいち》である。いずれも、軍官僚というべき立場の人物である。他に、外相の東郷茂徳《とうごうしげのり》と蔵相の賀屋《かや》興宣《おきのり》の二人だが、東郷は外務官僚、賀屋は大蔵官僚であった。二人には軍事の情報は知らされず、軍官僚に体良く騙されたとも言われていたのである。実際に、東郷は開戦日も知らされぬまま、偽装外交をやれと言われていたほどである。

賀屋は、戦後になって自らの回想録を著したが、その中で、戦争状態に入っていく時の軍人心理について述べている。軍人は戦争を好む人種で、戦争がなければ何の手柄も立てられない、戦争によって新しいポストも作られ、予算も増える、名誉も得られるとの分析を行っている。

私は、ならば賀屋は文官の一人として、そういう立場から意見を言うべきであったと思うが、記録文書を読むとそのような発言はしていない。これは何を物語っているのか。そのとき、その場では発言はできなかったということになるだろう。

外相の東郷にしても、大本営政府連絡会議での軍人たちの発言に、強い不信感を持っていたことがわかる。残された記録を読むと、東郷の意見（つまり外交交渉で事態を解決したいとの考えなのだが）に対しては、軍令部総長の永野修身《ながのおさみ》や次長の伊藤整一《いとうせいいち》が極めて高圧的であった。こうした状況を読み解くと、太平洋戦争は軍官僚が自分たちの存在を際立たせるために起こしたプロジェクトだった、と言っていいのではないだろうか。

私は、東條英機内閣を作った内大臣の木戸幸一《きどこういち》の責任は極めて重いと思う。対米強硬派の東條を首相にしたことは、歴史的には、あまりにも軽率だった。「虎穴に入らずんば虎子を得ず」との格言は、国家的冒険主義だったと断言していいように思える。

以上のような情勢を踏まえた上で、ここからどのような教訓を学ぶべきだろうか。私は、あえて三点があると思う。

① 軍官僚は戦争を自らの功績の手段に使った。
② 官僚政治はつまるところ責任を負わない。

③　官僚の執務の基準は時代であり、歴史ではない。

この三点がつきまとっている、と考えられる。簡単な言葉で語るなら、「出世」「無責任」「反歴史」ということになる。むろん、すべての官僚が、とは言わない。言えるわけでもない。しかし、官僚の世界で地位が上がるものには必ずこの三点がうかがえる。近年の財務省の高官などは、この典型であろう。部下の自決による出来事の本質を考えてみると、この三つのキーワードがそのまま納得できる形になる。

近代日本において、軍官僚は本来なら最も人間的な修練を積まなければならなかった。なぜなら、彼らの命令は国民の生死に直接関わるからである。ところが三年八カ月の戦争の期間、軍事指導者は戦況の悪化とともに、次第に国民の命をモノのように扱っていく。ある戦場では食料も武器弾薬も無いのに、とにかく「戦って死ね」と命令する。少なくとも二〇世紀の戦争では、どの国も大体は現場を指揮する司令官の判断で捕虜になる道を選ぶことができた。兵士を無駄に死なせてはいけないのだ。いわば、それが戦争のルールであった。

ところが、日本ではそういう権利は司令官には与えられていない。東京の大本営が決定するのである。彼らは、戦場で兵士がどれほど辛苦を舐めているかを考えない。考えたら命令は出せない、となるのだが、一方で考えない装置も作っていた。それが、「天皇のため」という建前であった。天皇の名を出すことによって、自らの責任を自覚しないのである。

昭和天皇が、いかに戦争の局面ごとに苦悩を続けていたかなどは考えていない。天皇の軍隊として存在する理由は、ひたすら戦争に勝つということだ、としか考えていない。戦争によって日本の歴史にいくつも歪みが生じることに、天皇が次第に困惑していくさまを正確に理解する感性はなかった。そういう感性を持つ軍人は決して少なくなかった。しかし、彼らは中枢には入れなかったのである。

このような苦悩は、駐在武官の回想録を読むと、かなり詳細にわかってくる。

つまり、軍事上の指導部に入る軍人は、「出世」「無責任」「反歴史」の三点を揃えていると言っていいであろう。この見方は、繰り返すことになるが、近年の官僚の体質と重なり合うのではないか。

二〇二〇年の前半期は、コロナによって振り回された。日本社会の対応がいかなるものであったかは、まだ結論は出ないが、官僚組織の対応は改めて検討されるべきであろう。明治の初めのコレラ、大正時代の第一次世界大戦時のスペイン風邪、日本社会がその折々にいかなる対応を示してきたかを改めて問うと、それぞれの時代の官僚の姿勢が浮き彫りになってくる。

むろん、未だコロナ禍は収束したわけではない。しかし、人類の歴史において、新型ウイルスとの戦いはこれまでも数多く続けられてきた。今回の戦いもまたその一つであろうが、私たちのこの時代の戦いが、歴史の中で次代に検証されることは間違いない。賢明な時代だったと言われるためには、改めて近現代史に学ぶ姿勢が必要だ。その戦いが、昭和史の七つの事件から教訓を得ていると言われたいものである。

本書は角川新書として、二〇〇九年の『太平洋戦争、七つの謎』と二〇一一年の『日本を変えた昭和史七大事件』を合本にして編んだ書である。再び読者の皆様の目に触れる喜びと、昭和は貴重な教訓の宝庫との認識を共有できることを感謝したい。その機会を与えてくれた新書編集長の岸山征寛《きしやまゆきひろ》氏に謝意を表したい。

二〇二〇年（令和二年）五月　コロナ禍の収束を願いつつ

保阪　正康

目次

第一部　太平洋戦争、七つの謎

はじめに

参加国数、戦死者数が突出した二十世紀の戦争

よく二十世紀は戦争の世紀といわれる。これを数字で検証してみると、その特徴がよくわかる。

たとえば、十六世紀は世界中でのべ五十回の戦争が起きた。そして十七世紀は四十回、十八世紀は二十一回、十九世紀は三十四回、二十世紀は四十八回である。それでは一回の戦争の平均戦争期間はというと、十六世紀は五・六年、十七世紀は五・六年、十八世紀は五・三年なのに対し二十世紀はわずか二年である。十八世紀までは限定された戦場で、兵士たちが戦って、一般国民は戦争に参加しなかった。そのため、恒常的に休みながらダラダラと戦う戦争だったため、長期間の戦争になった節がある。こうした数字は欧米の研究者の統計によるものだ。

二十世紀の戦争の大きな特徴は、まず戦争に参加した国の数だ。十六世紀は百四十八か国、

十九世紀は百三十二か国、十八世紀は九十五か国、十九世紀は百十か国と減少傾向にあったのに、二十世紀は逆に百八十九か国に増えている。その理由として例えば第二次世界大戦の時、アメリカの要請で南米の国々も日本に宣戦布告したことなどが挙げられる。つまりパラグアイやベネズエラ、チリといった国々は、日本と戦闘を交わしてはいないが、戦争には参加したことになっているのだ。二十世紀に入って戦争の形態が、単なる軍事的衝突というものから、政治的外交的な意味をもつものへと変化していったのである。

そして何よりも二十世紀の戦争を特徴付けるものは、戦死者の数であろう。十六世紀は百六十七万六千人、十七世紀が四百七十六万七千人、十八世紀が五百八十一万四千人、十九世紀が三百五十六万人。これに対し二十世紀になると、その数は三千三百七万人と十九世紀の十倍近くに増えている。二十世紀の二つの世界戦争が、いかにすさまじい大量殺戮《さつりく》を狙いとした戦争であったのかがわかっていただけるだろう。

三つの基本的諒解事項

この二つの世界大戦のうち、第二次世界大戦のなかで日本が大きくかかわった太平洋《たいへいよう》戦争について、最近発掘された新資料などをもとにして七つの疑問点、あるいは特徴について解説していく。

だがその前に、まず読者と著者である私の間での、基本的な諒解《りようかい》事項を三点ほど挙げておきたい。

「太平洋戦争」は、昭和十六（一九四一）年十二月八日に始まり二十（一九四五）年九月二日に終わった。終戦記念日となっている八月十五日は、ポツダム宣言を受諾するという意思を日本が表明した日である。国際法上の終戦は、アメリカを中心とする連合国との間で、戦艦ミズーリ艦上で降伏文書に調印した九月二日になる。この間三年九か月である。

一方、昭和という時代は六十二年と二週間の期間である。

つまり太平洋戦争とは、六十二年余のうちのわずか三年九か月でしかないのだが、この間に昭和史がかかえこんだ様々な局面が凝縮されている、昭和史全体のいろんな問題点がわかるということを、まず最初の基本的な共通認識としておきたい。

もちろん、この三年九か月が昭和史の中の特異な期間だったのか、あるいはこの間だけ切り離して論じられるのかといったら、決してそうではなく、この短い期間には平成に生きる私たちへの課題も凝縮されているのだ。

第二点として、戦後六十四年がたち、戦争体験を持っている人はもはや全人口の二十パーセントを切ったといわれている。戦場体験を持っている人となるともっと少ないだろう。だが、そういう人たちの「記憶」というものがあり、それに伴っての「記録」もまた残っている。史実を理解するには、この「記憶」と「記録」が大切である。さらにこの「記憶」「記録」の中から、「教訓」が浮かびあがってくる。「教訓」といえば堅苦しいが、「知恵」といってもいい。つまり、「記憶」を父とし「記録」を母として、そこから「教訓」や「知恵」という子供が生まれるのである。

「教訓」といっても、何も押しつけがましいことではなく、戦争を分析していったときに、なぜああいう戦争が起きたのだろうか、私たちはそこから何を学ぶべきだろうかといった、「学ぶ」という問いそのものが「教訓」だといっていい。その上で、その教訓を次の世代に語り継いでいく必要が我々にはあるのではないだろうか。

そして最後に、我々は誰もが戦争は愚かなものであると思っている。戦争はすべきではない、平和が大切だ、と。これは誰に聞いても否定はしない。だが、今では常識ともいえることの考えとて、時代の制約の中にあることを忘れてはならない。

例えば二十世紀前半のドイツを考えてみるとわかる。第一次世界大戦でドイツの国民は「戦争の悲惨さ」という教訓を得たのだが、その一方で屈辱の感情をもった。そこへヒトラーが登場し、「教訓」よりも「屈辱」に火をつけ、国民を扇動した。そして第二次世界大戦を引き起こした。これはドイツだけではなく、本書の中でも触れるのだが、日本でも短期間に人々の価値観が大きく転換する場面があった。

だからこれからも、国家どうしの利益がぶつかり、軍事で衝突する時代となったら、あるいはファシズムが国家を支配する時代が来たら、我々が今身につけた教訓など簡単に否定されるかもしれない。

ただ私は、普遍的な原則というものは、歴史の中に必ずあると考えている。それを見出《みいだ》すことに努めるのが、歴史に関心をもつ者の姿勢だとも思う。

以上、三点の諒解事項をもとに、読み進めてもらいたい。

第一章　誰が開戦を決めたのか？

天皇でもなく、政治家でもなく

昭和十六年十二月八日、日本海軍の機動部隊がアメリカ・ハワイの真珠湾《しんじゅ》に奇襲攻撃を行った。この日から三年九か月にわたり、日本とアメリカ、イギリスを中心とする連合国との太平洋戦争が始まる。

では、この「戦争」という政策を決めたのは、いったい誰だったのだろうか。

多くの人は、開戦は国民の総意をもとに、最終的には昭和天皇が決めたと思っているだろう。確かに、昭和十六年十二月一日に開かれた御前会議で、「対米英蘭開戦」という国策が決定された。しかし御前会議というのは、主権者である天皇が出席する会議ではあるが、これはすでに決定された国策を追認する機能しか果たしていない。つまり、御前会議に上げられた項目はすでに決定事項であり、この十二月一日のときもすでに開戦は決められていた。

では、議会で開戦決議案が出され、議員の賛成多数で戦争を始めた、ということなのだろうか。実はこれも違う。政治家は誰も開戦のことを知らなかった、それどころかその噂も流れなかった。

今考えたら本当におかしなことなのだが、戦争という国の運命を左右する重大な政策の決定に、政治家はまったく関与していなかったのだ。ただ開戦の三週間ほど前（十一月十五日）に、議会は開戦を知らずに、陸軍の動きを支持する決議を行っている。

さすがに当時も、自分たちの権限とはいったい何なのかと自問した代議士もいることはいた。しかし、とてもそれを言い出せる雰囲気ではなかった。それどころか、議会は真珠湾奇襲攻撃の成功に軍部はよくやったと大喜びし、十二月十六日には陸海軍感謝決議案を提出する始末である。

では、いったい誰が、戦争を始めるという国策を決めたのだろうか。

ズバリ言おう。それは官僚たちだったのである。

たった九人で決めた開戦

「大本営政府連絡会議」という会議がある。これは軍と政府首脳の調整を図る機関で、会議の参加者は、昭和十六年十二月の段階で軍の側は、陸軍の杉山元《すぎやまはじめ》参謀総長、海軍の永野修身《ながのおさみ》軍令部総長、そして田辺盛武《たなべもりたけ》参謀次長、伊藤整一《いとうせいいち》軍令部次長。政府の側は東條英機《とうじょうひでき》首相兼陸軍大臣、嶋田繁太郎《しまだしげたろう》海軍大臣、鈴木貞一《すずきていいち》企画院総裁（国務大臣）、東郷茂徳《とうごうしげのり》外務大臣、賀屋興宣《かやおきのり》大蔵大臣といった主要閣僚たちで、全部で九人で構成されていた。

この軍官僚、政府側の官僚たちが、昭和十六年十一月二十九日の大本営政府連絡会議で開戦を決め、十二月一日の御前会議で追認し、そして八日の開戦となった。わずか九人ほどの官僚たちが開戦を決定したのである。

なぜこんなことになったのか。それを説明するには、まず旧日本軍の構造を説明しなければならない。

旧日本軍は、天皇に直属する組織である。いわゆる軍部は、大きく二つの部門に分かれていた。一つは、戦争が始まった場合に戦略や作戦方針を決定する「軍令」で、別名「統帥部」あるいは「大本営」と呼ばれていた。この統帥部として具体的には陸軍の参謀本部と海軍の軍令部が置かれていた。そしてもう一つが陸軍省と海軍省による「軍政」で、これは他の省庁と同じ行政機関として存在した。ここで注意しておきたいのは、軍令と軍政は別の組織だということである。

一方、戦前の天皇は大日本帝国の主権者として二つの権力をもっていた。一つは軍事大権である「統帥権」、もう一つは政治上の権力である「統治権」である。旧軍の統帥部＝大本営は、天皇から統帥権を与えられた機関とされていた。

戦前を舞台にした映画やドラマで、軍服姿の高級軍人が、「統帥権干犯だ！」と居丈高に叫ぶシーンを見たことがある人も多いだろう。大本営は天皇から統帥権を与えられているので、統治権の側が軍事に関することに口を挟むのは、天皇の大権に干渉することだと恫喝《どうかつ》しているのである。こうなると、軍部は議会や国民の目をまったく気にすることなく、独断でものごとを進めることができる。つまりシビリアン・コントロール（文民支配）がまったく効かなくなってしまうのだ。

「統帥権」が「統治権」を上回る

ではなぜここまで、軍部は力を持つようになったのか。

昭和という舞台で語ると、話は昭和六年までさかのぼる。

この年の九月十八日に満州《まんしゅう》事変が勃発《ぼっぱつ》。翌七年五月十五日には五・一五事件が起こり、さらに昭和八年三月二十七日には国際連盟から脱退。国際的に非難囂々《ごうごう》の日本のこの態度に対し、しかし日本国民はというと拍手喝采《かっさい》をした。国際連盟を脱退した折に、帰国したら石を投げられるのではないかと恐れた全権大使の松岡洋右《まつおかようすけ》は、横浜港に詰めかけた国民の熱狂にびっくりしたという。東京の新聞十一紙すべては松岡を支持、共同声明まで発している。国際連盟の脱退により、日本は国際舞台で発言する場を失ってしまったのだが、そのことをマスコミですら冷静に判断できなかったのだ。

なぜ、このような狂熱的な空気ができあがったのか。

日本は第一次世界大戦の戦勝国であったが、大戦後の恐慌、さらに関東大震災、そして一九二九（昭和四）年の世界大恐慌の影響で、経済状態はどん底に落ち込んでしまう。特に凶作が重なった農村の疲弊は激しく、東北地方では娘の身売りが行われるなど、国民の間には不満が渦巻いていた。それなのに政党は腐敗し、財閥は自分たちの利益しか考えていない状態に映った。

特に重要なことは、政治が現実に対して適応能力を失ってしまったことだった。昭和五年にロンドンで海軍の軍縮会議が開かれた折に、財部彪《たからべたけし》海相が現地で政府の訓令をもとに対米英比六割の海軍力で妥協したが、このことに統帥権を委《ゆだ》ねられている軍令部が激怒して、軍令部次長の加藤寛治《かとうひろはる》が天皇に会い、その不満を漏らそうとする一件もあった。このことを政友会が与党の民政党攻撃に用いて、「これは統帥権干犯ではないか」と激しく責めたてた。軍令部の強硬派が勢いを増すのはこのときからである。政治家が軍人に知恵をつけた形になったのだ。

政党政治が十分に機能していないともいえるのだが、政党政治家が、ともすれば自らの利権を追い求める傾向にあったのも事実であった。国民もまた、うんざりしていたのである。軍事指導者や軍人たちは、近代日本の歴史で戦争に勝つことで賠償金を取ったり、国民の生活を豊かにしてきたはずなのに、政治家たちは何一つお国のことを考えていないというのであった。政治家への怒りは、やがて軽蔑《けいべつ》にかわり、そして政党政治をつぶさなければならないと考えるに至った。

彼らは日本は危機的な状況にあると捉《とら》えることになった。官僚たちもまた、同様の意識を持っていた。

そのような危機的状況を打開するために軍部とそれに同調する勢力が考えたのが、満州への侵出であり、またその流れから五・一五事件が発生する。当時は成人男子には徴兵制があったのだが、高等教育を受けている学生や大企業で働く労働者などはほとんど徴兵猶予になり、実際に軍隊に入るのは農村出身の青年が多かった。自らの出身地である農村が深刻な危機に陥っていることに対し、兵士の間で政治への不満と怒りと鬱屈《うっくつ》がたまっていったのだ。

そしてこの頃から日本は明らかに異常な状態になっていくのだが、その軍部の傍若無人を支えたのは国民の支持といっても過言ではないだろう。

大本営の誕生

一つ例を挙げよう。この五・一五事件の犠牲者に、ときの首相・犬養毅《いぬかいつよし》がいる。

「話して聞かせてあげよう」

このようにいった犬養に対し、テロリストである海軍の青年士官たちは、「問答無用！」と叫び、頭を撃ち抜いた。しかし裁判になると、加害者である青年士官や陸軍士官学校の候補生たちを、国民の大半が弁護した。彼らは愛国精神にあふれており、腐敗した社会に鉄槌《てっつい》を下すために自らを犠牲にしてテロ行為を行ったのだと、マスメディアさえ味方した。減刑嘆願書が百何万通も届き、中には指をつめてホルマリン漬けにして法廷に送ってくる者もいる。また新聞記者ですら、私はこの記事を泣きながら書いていると、情緒たっぷりの弁護記事を書いたりする。

そういう異常な光景のなかで、被害者であるはずの犬養家の人々が、逆に肩身を狭くしていかなければならなくなった。後に評論家になる犬養道子《みちこ》さんは犬養毅のお孫さんだが、事件のとき十一歳で、官邸で事件前後の有様を目撃している。そしてその後、自分の祖父が殺されたはずなのに、どうして自分たちは恨まれるんだろうか、どうして、人殺しをした彼ら青年士官たちが英雄なんだろうか、と思ったそうだ。その時、犬養毅の息子の犬養健《たける》の妻、作家の長与善郎《ながよよしろう》の姪《めい》になるのだが、彼女が道子さんにこのように諭したそうである。

「道子、世間ってのはそういうものなのよ。驚いちゃいけないよ」

この発言はきわめて日本社会の特異性を示している。

このころから、「統帥権」は「統治権」の上位にあるという形になり、統帥のやることに政治が口を挟めないようになっていった。つまり暴力是認、感情がすべての基準になる社会が生まれたことになる。理詰めの議論をするより、日本人の情感に響くような言葉が社会を動かし始めたのだ。

さらにそれから五年後の十二年七月七日に盧溝橋《ろこうきょう》事件、八月十三日には第二次上海《シャンハイ》事変が起き、日中戦争へと発展して、対外にあっては、中国への軍事的野心を顕《あら》わにしていく。この時期の中国は、国民党による国家の統一が進んでいたが、各地の軍閥との抗争、あるいは共産党との対立などで、国の統一がなかなか進んでいない。日本の軍部はそこにつけこんだ。

軍事進出をさらに進めるために、昭和十二年十一月二十日に「大本営」が設置され、政府と軍事政策を調整する機関を作ろうと「大本営政府連絡会議」が設けられた。本来は国策決定の会議でもなんでもない単なる調整機関のはずだったのに、やがて戦争を決定する機関になっていくのである。

この会議について、秦郁彦《はたいくひこ》編『日本陸海軍総合事典』では次のように説明している。

第1次近衛《このえ》内閣時代の初期にはしばしば開かれたが、平沼《ひらぬま》・阿部《あべ》・米内《よない》の各内閣では中絶し、四相・五相会議などがその役割を代行した。第2次近衛内閣時代の15年11月28日から大本営政府連絡懇談会の名称で復活、第3次近衛内閣成立時の第40回以降は大本営政府連絡会議の名称となり昭和19年の東條内閣退陣までつづいた。

わかるとおり、この会議は憲法に明確に定められたものではなく、あくまで軍事と政治の調整を行うために設けられた機関である。その時間的プロセスをたどると、確かにシビリアン・コントロールといった政治主導ではなく、軍事と政治の調整に主眼点が置かれていたことがわかるのだ。

なぜシビリアン・コントロールが効かなくなったのか

シビリアン・コントロールで想起しておかなければならないのは、大日本帝国憲法は伊藤《いとう》博文《ひろぶみ》や金子《かねこ》堅太郎《けんたろう》らがプロイセン憲法とイギリスの立憲君主制を模範に作ったといわれていることだ。しかし、イギリスやプロシアは統帥権が問題になったことはない。なぜかというと、例えばイギリスの場合であれば、女王陛下の名の下に政治の側が軍を動かすという慣行になっており、シビリアン・コントロールができあがっていたからだ。

ところが日本の場合は、天皇の大権としてもっていた統帥権の運用を、軍部が一手に担当する形になってしまった。憲法で保障されていたわけではないのに、昭和六、七年頃からの異常な時代空間の中で、そして戦争を進めていく中で、軍が強権を持つようになったが、それは一面で軍のごり押しで始まったともいえた。

もう一つ気をつけてもらいたいのは、開戦を決めた昭和十六年十一月二十九日の大本営政府連絡会議に出席した首相は、その一月前の十月十八日に内閣を発足させたばかりの東條英機であることだ。この時の東條は、首相であると同時に陸軍大臣でもあり、当初は内務大臣も担当した。つまり、東條という一人の人物が、戦争決定の最高責任者であり、しかも彼は国民の反発を恐れたのか、警察権力をも握ったのである。

東條をはじめとする軍人たちは、政治家を低く見ることによって、自分たちの権威を確認しようともしていた。東條が、政治家を世論のご機嫌とりを行う八方美人型の職業として侮っていたのは有名な話だ。それを、彼は「自分は水商売に向いていない」という言い方をしている。

政治家抜きで開戦決定

太平洋戦争を決定したわずか九人のメンバー、その名前はすべてわかっているが、前述した通り全員官僚である。そもそも東條内閣は官僚主導の内閣だから、太平洋戦争を語る時は、官僚論をやらなければならない。つまり、官僚論をやらなければ太平洋戦争の開戦は分析できないのだ。

日本が開戦を正式に国策として決定するのは、昭和十六年十二月一日の天皇が出席した御前会議だが、実際にその決定を行ったのは十一月二十九日の大本営政府連絡会議であった。この日の朝、アメリカの国務長官C・ハルが駐米大使の野《の》村《むら》吉三郎《きちさぶろう》に示した日米交渉の再確認を表す文書（通称「ハル・ノート」）が日本に伝わってくるや、当時の指導者たちは一様に「戦争決定」に傾いた。むろん、十一月には何度かこの連絡会議は開かれていて、日米交渉は一定の要求が容《い》れられなければ中止して「開戦」という方向を定めていた。だが、最終的に天皇の大権が附与されている者が戦争を決定したのは、この日の連絡会議といっていいだろう。

当時の諸官庁の官僚は、どちらかというと開戦には消極的ではあったが、反対はしなかった。そこには、今に至るまで通底している官僚特有のメンタリティがあるといえよう。

十一月二十九日の大本営政府連絡会議の出席者は次の九人である。

【政府側】
東條英機首相・陸相・内相／嶋田繁太郎海相／東郷茂徳外相／賀屋興宣蔵相／鈴木貞一企画院総裁
【大本営側】
杉山元参謀総長／田辺盛武参謀次長／永野修身軍令部総長／伊藤整一軍令部次長

このほかに陸軍省、海軍省の軍務局長らが出席しているが、発言権はない。

この日の議題は「米ニ対スル外交ヲ如何《いか》ニスルヤニ就テ」だが、すでにハル・ノートの内容によって開戦を確認するだけであり、開戦を前提として、アメリカとの外交をどのようにするかが話し合われている。

そこで東郷は、大本営が進めている開戦計画はいつか、それを教えてほしい、それを知らなければ日米外交はできないと注文をつけると、永野はこう答えている。

「ソレデハ言フ。〇日ダ。未ダ余裕ガアルカラ、勝ツノニ都合ノヨイ様ニ外交ヲヤツテクレ」

これは杉山元参謀総長が残した『杉山メモ』に書かれているのだが、「〇日」は（十二月）八日のことで、このときになってやっと伝えたことがわかる。政府側の閣僚は、軍部の動きをみると開戦のようだが、その日時も場所も「統帥権干犯」になると、聞くことができなかったのだ。

開戦を最終的に決めた会議の出席者は九人（東條は一人三役）で、東條、嶋田、杉山、永野そして田辺、伊藤も陸軍大学校や海軍大学校出身の軍人、この場合、軍官僚といっていい。鈴木も陸軍大学校出身の軍人で、青年将校時代に東京帝大で経済学を学んだ、これも軍官僚である。かろうじて東郷は東京帝大文科大学出身の外務官僚、賀屋は東京帝大法学部出身の大蔵官僚であった。つまり、彼らはいずれも官僚として栄達をきわめた軍人や文官たちであった。

これらの官僚によって開戦が決められ、そして十二月一日の御前会議で天皇も承認しての開戦となった（このときは全閣僚が出席する異例の会議だったが、彼らは発言の機会を与えられていない。むしろ、戦争になったときに彼らの所轄官庁がどのように国民を動かすかの報告をさせられている）。

政治家が一人もいない場での開戦決定。たとえどのような政治家であれ、国民の投票によって選ばれているのだが、そのような立場のものは誰一人いなかったのだ。太平洋戦争のいびつさが、これで改めてわかるのではないだろうか。

官僚の論理で進められた開戦

当時の文官の官僚には、内心では戦争に反対する者もいたのだろうが、口にできるわけはなかった。そもそも、上意下達の体質に抵抗できるわけがない。しかも、官僚は何らかの哲学や思想をもって状況を切り開くのではなく、常に対症療法的な対応しかとらないのがその習性である。どうして開戦に楯突《たて》く官僚が生まれるだろうか。

一つ例を話すと、私がかつてある省庁の中枢部門で講演をしたときのことである。当日会場に行ってびっくりしたのは、この省の官僚はたとえ外部の人間を呼んで行う講演でも、座る場所が決まっているという事実だった。誰もが適当に空いている席に座るのではなく、事務次官が座る席、有力な局長や次の位の局長が座る席、審議官が座る席と、全部あらかじめ決まっているのである。一人、まだ若い官僚で、他の若い連中と違う席に座っている人がいたのだが、あとで他省庁の人に聞くとこう言われた。

「今、ある省に出向してるヤツなんですけど、あいつ、偉くなりますよ」

出世する官僚は、座る席も違うというのだ。

さらに席順だけでなく、質問する順番も決まっていた。それも司会進行役が指すのではなく、最初は誰が質問して、次は誰が、というふうに暗黙のうちに決まっているようであった。

その光景を見て私は、（そうか、官僚とはこういう組織なんだ。このような組織のなかで、下の人が上の人に楯突く、逆らうなんて決してできない。上意下達によってバランスを保っている組織なのだ）と思ったほどだ。

これは、現在の姿だけではなく、開戦という日本の重大な国策の決定の時でも、発揮されたのだろう。官僚にとってもっとも大事なのは、序列とバランスなのである。だから、たとえ開戦に対して疑問に思っても、課長や局次長クラスが大臣に対して、「私は絶対戦うべきじゃないと思います。今の国力で戦えるわけないじゃないですか」などと言えるわけがない。それを言えるような風通しのいい組織ではないということだ。

また、政府側の官僚出身者、このときは東郷と賀屋しかいなかったわけだが、彼らは陸軍省、海軍省、そして大本営には決して口を挟まなかった。それが官僚どうしの約束ごとだからである。日本の対米開戦が官僚の論理で進められたことに着目することによって、私たちは改めて歴史を見つめる目が鍛えられるように思うのだ。

哲学なき官僚たち

問題はそのような官僚の体質、官僚の考え方は戦争の内容にも影響しているということだ。たとえば、開戦を決定した大本営政府連絡会議に出席した前述の企画院総裁の鈴木貞一は、もともとは軍人で、陸士二十二期であった。一方、東條は陸士十七期で鈴木の先輩にあたる。このとき、日本に石油がいくらあるのか、お前は本当に英米と戦えると思うのかという質問に対し、鈴木は本当の話を報告できないでいる。

官僚としての性格がやり取りの中に出てきて、開戦の決定が実に流れるように決まっていく。

こういった官僚特有の性質とは、いったい何であろうか。それは、彼らに組織論はあっても哲学がない、ということだろう。

戦争は確かによくない。だが私は、あえて誤解を恐れずに言うが、あの時の開戦に関して一概に否定はできない面があるようにも思う。当時アジア、アフリカの多くの国々は、三百年にわたって欧米列強の植民地として搾取されていた。軍事的には弱小国の日本ではあるけれど、帝国主義的な支配、植民地主義の鉄鎖を断ち切らなければいけないと、世界に向けて異議申し立てをするという決意表明が、もし開戦詔書の中に入っていたら、どのように受け止められたであろうか。歴史的に日本を支持する国も多かったのではないかと思う。

だが日本には、特に官僚たちには、そういった思想や哲学がない。実際に韓国や台湾を植民地にしているくせに、そんなことをいったらきれい事になるからできないわけだが、もし哲学があれば、日本は二十世紀に新しい形の戦争目的をもちこんだといわれたであろう。

この時、大本営政府連絡会議でいわれた開戦の理由は、すべて受け身であった。ハル・ノートでむちゃくちゃな要求を突きつけられた、あるいはＡＢＣＤ包囲網（アメリカ、イギリス、中国、オランダ）で包囲されている……など、東條などが発言しているのをみても、他の官僚が言っているのを分析しても、すべて受け身の理由でしかない。それが官僚の自然に身についた発想法なのだろう。

官僚の動きや生態を通して太平洋戦争の内実を見ていくと、また違った見え方がすることがおわかりいただけたと思う。だが、実はこのような分析はこれまでタブーのようになっていた。

なぜだろうか。それは、軍官僚は戦後、その責任のすべてを背負った。東條をはじめ、東京裁判の被告席に座った者も数が多かった。しかし、内務官僚、大蔵官僚、文部官僚らは、誰も傷つかなかった。むしろＧＨＱは、占領期の統治にあたって官僚支配機構をすべて温存して、有効に使おうとした。そのために、戦争の責任はすべて軍官僚に押しつけられて、他の官僚は責任を問われなかったのである。

それゆえに行政組織を動かす官僚たちの責任を改めて問うてみると、いくつかの新しい発見があるだろう。私たちはそのことを、二十一世紀の視点に据えてみるべきである。

第二章　戦時下の国民は戦争をどう捉えていたのか？

国民はすべて戦争の犠牲者か

かつての日本の戦争の話がもちだされると、庶民はいつも犠牲者だった、と紋切り型の言い方がよくされた。また、歴史の大波に蹂躙《じゅうりん》されたというのもしばしば使われる表現だ。国民はあの戦争に巻き込まれた、といわんばかりの論である。

しかし、はたしてそうか。それほど簡単に、国民は被害者、あるいは犠牲者としてみていいのか。私はそのような受け止め方はすべきでないと思う。そして私たちは、あの戦争の時代に生きた人を、犠牲者や戦争に反対しなかった人たちというジャッジメントをするような見方ももつべきではない、と思うのだ。

人は時代の制約の中にある。つまり、生きる時代を選べないわけだから、その時代の価値規範に対して忠実に生きていたいと思っている。

もし私があの戦争の時代に生きていれば、特攻隊を志願する青年だったろうし、聖戦必勝を信じてもいたであろう。それを今の時代の価値基準だけで批判したり、断罪したりするのは、やはりちょっと間違っているような気がする。

とはいえ、戦時下の国民は戦争をどう捉《とら》えていたのか、あるいは戦時体制の中でどういう状態におかれていたのかは、検証すべき重要な問題である。いわゆる普通の人たちがその時代にどう生きたかという問いかけには、今に生きる私たちが得るべき教訓や知恵がたっぷりと含まれているように思えるからだ。

私は、開戦下の国民を考えた時に、歴史的な俯瞰《ふかん》図を描く必要があると思っている。歴史的な俯瞰図とは何かというと、二十世紀の戦争と国民の関係である。

十九世紀までの戦争は、兵士たちが限定された戦場で戦った。兵士は国家を代表して戦ったわけだ。そこでの勝利は国家の勝利になるわけだから、勝った国がその政治的欲求を敗戦国に押しつけた。そういった力関係の一つの局面として、軍事的衝突があったわけだ。

ところが二十世紀は、その様相をまったく変えてしまった。十九世紀までの戦争は、専門の兵士同士の戦いだったが、二十世紀の戦争は、それまでだったらほとんど戦場で死ぬことがなかった普通の人、つまり非戦闘員が巻き込まれることになった。戦闘員、非戦闘員の区別がなくなり、限定された戦場にいない人たちも普通の生活を送ることが許されなくなった。国家のあらゆる局面が戦争の形を取るようになったのが二十世紀の戦争である。そのため、二十世紀の二つの戦争、第一次世界大戦と第二次世界大戦は「国家総力戦」といわれるのである。加えて、それぞれの国は他の国と同盟を結んだり敵対関係にあったりする。戦争を行う国は不可避的にそれぞれの結びつきの深い国をも戦争に巻き込むことになった。だから「世界大戦」といわれるのである。

国民の意識を変えた二つの大戦

第一次世界大戦は、一九一四年から一八年まで、第二次世界大戦は一九三九年から四五年まで行われた。最近、歴史学で特に軍事史などを専門にする人たちは、一九一四年から四五年までの三十一年間を、二十世紀の戦争の体系で動いた時代との理解をすることが多くなった。三十一年間のうち、実質的には十年しか戦争を行っていないのだが、残りの二十一年間もその戦争が影を落とした時代、あるいは次の戦争に備える時代であるという考えである。そして、この三十一年間に勃発《ぼっぱつ》した二つの大戦が、世界中の国民の意識を大きく変えていったのだ。

それまでの多くの国民は、ドイツにしろロシアにしろ、帝政下の「臣民」であった。しかし第一次世界大戦により、帝国の支配、抑圧を前に国民意識、ネイションという意識が高揚した。国民、民族の自立という意識が生まれてきた。第一次世界大戦後にはオーストリア＝ハンガリー帝国によって抑圧されていた民族が、その本来の意識を高揚させて独立した。

この「国民」という意識が、やがて「市民」という自覚に変わっていった。たとえばスペインの内乱での義勇軍がそうだし、イギリスやフランス、イタリアなどのように西欧植民地支配下で市民社会を形成している国があった。そして、依然として臣民という、帝政下の一般的な庶民の形と混在していたのが、両大戦間の三十一年のうち、実際に戦争をしていた十年をのぞいた二十一年間の状況だったのである。

第一次世界大戦後、主にアメリカが主導権を取って、国家間の紛争は軍事力の衝突ではなくて、話し合いで解決しようという国際協調路線が生まれてきた。その流れの中で国際連盟が誕生したりもした。いわゆる一九二一年からのワシントン体制下における国際協調路線は、悲惨な戦争とは決別する人類の英知を結集した体制ではないか、ともいわれた。

しかし、この体制は大きな矛盾をはらんでいた。

一つは、戦勝国が第一次世界大戦の敗戦国であるドイツの領土を収奪し、過剰な賠償を課し、ドイツの国家的な存在そのものを抑圧する形で国際協調ができたということ。それがのちのヒトラー政権誕生の理由ともなった。

もう一つは、ロシア革命の成功である。これまでの歴史にはなかった「社会主義」に基づく新しい体制ができ、英米中心の協調路線に対峙《たいじ》する形になった。

このころ日本でも、第一次世界大戦の戦勝国でありながら実質的見返りが少ないというので、たとえば青年貴族の近衛文麿《ふみまろ》は大正七年に「英米本位の平和主義を排す」という論文を書いている。これは、今の国際協調路線、あるいは平和主義は英米主導の自分たちの国家的エゴを守るための秩序に過ぎない、これでは世界平和というのは虚構であるという主張で、確かにその矛盾を突いた内容となっていた。

最初に国際協調路線を破ったのは、結果的に日本による昭和六年九月の満州事変である。そういう意味で、日本はこの体制を積極的に壊そうとした、と世界史の中では理解されているのだ。日本はこの昭和六年頃から、吉田茂《よしだしげる》がいみじくも指摘したように「変調をきたした」状態になったのである。

「臣民」化の軸になる「一君万民主義」

では、この昭和六年から二十年の間、日本国民はどういう存在だったか、戦時下における国民の位置づけを改めて整理してみよう。そこから意外なことがわかるはずだ。

私がまず一つ、特徴的だと思うのは、昭和八年頃までの日本は、それほど「臣民」という意識は強くなかったということである。大正五年、七年に吉野作造《よしのさくぞう》が「中央公論」誌上などで説いた「民本主義」に象徴されるように、それまでとは異なる民主主義という概念、普通の民が主になるという政治的な概念が出てきていた。それは、「臣民」から「市民」へと移行する歴史的な流れに沿っていたのだ。

ところが、昭和六年の満州事変以後、その流れは変わっていく。逆に、「市民」というものを廃絶して「臣民」の国家になることが明確になってきたのである。こう言い換えてもいいだろう。「国民」が「市民」にと移りゆくのではなく、むしろ「臣民」という憲法上の概念により近づいていった、といっていい。日本的な「臣民」とは、天皇を国家の存在理由の軸に据え、その天皇の前においてすべての人が平等であるという「一君万民主義」になる。

この「一君万民主義」には、日本の歴史の中でそれまでにあった多くの社会的差別の問題が解消されるという見方もあった。また、共産党はソ連のコミンテルンの指導を受ける形で結党されたが、この革命政党は天皇制打倒を企図するとして治安維持法によって弾圧された。その弾圧に抗しかねて、一君万民主義は非合法時代の共産党員が転向する時の理由ともなった。二・二六事件の時も、青年将校たちは一君万民主義によって天皇と国民が直結するはずなのに、この間に「君側の奸《かん》」が存在して国民と天皇の間を妨害している、ということを決起の理由にしていたほどである。

昭和十二年五月、文部省が「国体の本義」という本を出した。これは、日本は天皇を中心とする神権化された国で、天皇の存在によって初めて国民も存在すると説いている。さらに昭和十六年には「臣民の道」という冊子が出された。皇民化の運動の徹底だった。

臣民化する、臣民になることが、両大戦間の日本の最大の特徴だったのだ。

十二歳児並みの戦後日本の市民意識

太平洋戦争の直前、あるいは太平洋戦争下で日本人の臣民化は極端に進んだが、この臣民化と戦争の意識は不可分のものでもあった。

それが戦後になり、しかも講和条約発効直前ともなると、占領期の日本を支配したＤ・マッカーサーは、日本人の市民化を急がせた。たとえば昭和二十一年一月の天皇の人間宣言をはじめ、戦後憲法の制定や婦人参政権、農地改革、財閥解体など、それらの改革は、日本人が市民たり得るようにと考えて進めた政策だったのである。

のちにアメリカに戻ったマッカーサーは、有名なエピソードを残している。

「日本人は何歳にたとえられるか」

ある新聞記者の質問に、こう答えたのだ。

「彼ら（日本人）は、我々は四十五歳であるとすれば、十二歳のボーイのようなものだ」

昭和二十六年四月、マッカーサーがトルーマン大統領に最高司令官の地位を解任され、離日する時、なんと羽田空港までの道筋に二十万人もの人が見送りに出た。万歳を叫ぶ者、さらにはマッカーサー神社を建てようと主張する者まで現れたが、アメリカから「日本人十二歳説」という発言がいささか歪《ゆが》められて伝えられると、マッカーサー熱は一気に冷めていった。その熱しやすく冷めやすいところが、日本の特徴ともいえるのだろうが。

マッカーサーがこの発言をしたのは、離日した年の五月に上院の聴聞会に出席した後であった。その真意は、占領軍による日本人を市民化しようとした意図と照らし合わせてみれば、わからないでもない。

つまりマッカーサーが言いたかったのは、戦後、あらたに市民意識をもつように生まれ変わった日本人は、昭和二十六年の段階では成熟した欧米社会と比較した場合、十二歳児程度の市民化レベルに甘んじている、ということだ。

もちろんそこには、戦勝国の優越感から日本を見下した感情はあったと思われるが、あの当時で先進国の四十五歳のうちの四分の一程度の市民化達成度というのは、あながち暴論とはいえない。日本人は戦後五、六年間でそこまでいったのを、早いと見るか遅いと見るかは、また別の論点だが、あっさりと臣民意識を捨て去ったのも事実であった。

残酷な庶民の「世間体」

さて、日本人の国民性を表すもう一つの特徴として「世間体」を考えてみたい。共同体を支えるのは「世間体」にあり、それ故に和を壊すものに対する憎悪が、他国と比べて相当強い。

これに関してはいくつかの例があるが、庶民の残酷さを思い知らされる話が多い。

第一章で紹介した、五・一五事件時の犬養家の例もその一つだ。同様のことが、戦後の東條英機の家でも起きている。

東條英機は戦後、日本人から徹底的に憎まれた。日本をこんな状態にしたのは戦争を指導した東條のせいだと、元凶にされたのである。私が東條英機に関して取材を進めた時に、東條夫人から聞かされたのだが、あの当時米屋に行くと、お前らは国賊だといって米を売ってくれなかったそうだ。また、孫が学校に行っても、先生は全員この子の担任につくことを拒否した。だから、この孫は学校に行っても入る教室がないため、毎日、グラウンドで一人ぼんやり立っていた。

戦前はあれだけ隆盛を極めて、東條さん、東條さんといってすり寄ってきた人たちが、あっという間に手の平を返すように離れていった。そして、あろうことか東條に近づくなといったり、米を売らなかったりする。あるいは教師が孫の担任になるのを嫌がり、孫は教室にも入れない、このようなひどい仕打ちをされることになる。

だが、これは何も東條家に限ったことではない。

第一章で述べた犬養毅の息子、犬養健はその後に政治家となるが、戦前最大のスパイ事件であるゾルゲ事件にからんで、昭和十七年六月に逮捕されてしまった。ゾルゲの仲間であった尾崎秀実《おざきほつみ》に協力したという容疑で、結局無罪になったものの、世間では共産党のスパイだとみなされるようになった。そのため、東條家が戦後行われたのと同じように、昭和十年代に酷《ひど》い仕打ちを受けるのである。

道を歩いていただけで、唾《つば》を引っかけられたり、石を投げられる。それまではぜひ犬養さんのところに出入りさせてくださいと頭を下げていた商人が、あんたのところは国賊じゃないか、あんたのじいさんなんか、皇軍の兵士に殺されて、しかも今はアカの手先になっている、と罵詈《ばり》雑言を浴びせられる。前述した道子さんたちは、お米を買えなくなって、まったく知らない土地へ行って生活せざるを得なくなった。

戦後になって犬養家は、「話して聞かせてあげよう」という犬養毅の言葉も含めて英雄のように見られるようになった。そうするといろんな人が寄ってきたという。その寄ってきた人を見ると、戦前に最初に離れていった人だった。これほど人が豹変《ひょうへん》するのを目の当たりに見て、私は人生観が変わった、と道子さんはその著作に書いている。
「人間ってそういうものよ、日本人ってそういうものよ」
私ははからずもその言葉を犬養家からも東條家からも聞いたのだ。

臣民教育で縛り付けた官僚

一般の国民は、権力に対して弱い。これはどの国の国民に対してもいえることだろう。だが、日本人の「臣民」は、権力に対して弱いのではない。権力のいう通りに動き、のみならず権力の考えを先取りして率先して動く。これは戦争時の国民の姿を見るとよくわかるのだ。

さらに官僚は、そういう国民性を利用して世間体で縛り付ければ、国民は必ずいうことをきくと自信を持ったのであろう。そのために臣民教育を徹底的に行い、共同体の枠の中で絶対にそれを踏み外さないよう、そして、日本は特殊な国なんだという歴史的な使命感や価値観を植え付けていった。

ときどき、戦前の大日本帝国憲法下でも言論の自由はあったと主張する人がいる。確かに大日本帝国憲法には、天皇制の枠の中で言論は自由であると書いてある。つまり、枠を壊さない限りは自由なのである。だが、共産主義や自由主義はこれを壊すから、許されないわけだ。このように制限付きの自由だったのだ。

一方、自由とは制限がないものだというのが、今や市民としての考えである。天皇がいて、そのもとに万民がいて国家をなすという一君万民思想に対し、市民主義は、国家と自分とがフィフティフィフティの関係であるというのが、基本的な考えだ。市民は国家に隷属しているわけではない。今はそういう考えの人たちもふえている。

戦争の本格化で意識が変わる

私は戦前の日本人、特に「臣民」という枠内に押し込まれた日本人は、戦争を戦いながら、その実戦争とはどういうことか、よくは知らなかったように思う。戦争がイヤだという話を聞いていると、大体がこのような話に落ち着く。

「この街も空襲を受けて、本土爆撃により空が見えなくなるほど爆弾が落とされた。多くの人が死んだ。戦争は二度とコリゴリだ」

よく聞いてみるとわかるが、戦争とは「生」と「死」が瞬間に入れ替わる戦いであり、とくに国家総力戦では非戦闘員もいつ死ぬかわからない。ところが日本国民は明治からの戦争で、自国の陸上で戦ったことはない。昭和十九年十一月頃からの本土爆撃によって、初めて戦争とはどういうものか知ったのである。私が日本の臣民は戦争を知らなかったというのは、彼らはもともと戦争をイメージする力に欠けていて、自分たちの周囲で身近に「戦死」がふえることで、初めて戦争とはどういうものなのか理解したと思うからだ。そのため、厭戦《えんせん》や嫌戦が戦争に対する考え方になったのだ。

日本と戦っているそれぞれの国では、日常が戦場とされ、国民は戦争とは「生」が「死」に瞬時にして入れ替わることを肌で知っていた。そのことを、日本人は想像する力を持っていなかった。それは臣民であるという、いわば「神の子」であるとの誤った考えを持っていたからともいえる。

前述したように、昭和八年頃まで日本国民の臣民意識はそれほど高くなかったが、戦時下における庶民の意識は、昭和十二年七月に盧溝橋事件、続いて第二次上海事変が起き、日中戦争が本格化する頃から大きく変わっていった。

盧溝橋事件以来、陸軍は各師団から次々中国へ兵を送って増派していった。日本人の意識が変わっていくのは、その増派の頃からだといえる。

それまで、日本の農村共同体では、誰もが兵隊検査に行っても甲種合格にならないようにと神社に祈願していた。ある学者が島根、鳥取、岐阜など、各地の共同体の神社を調査して見ると、当時はどの村でも「親は子を、子は自らが」兵隊には、いかなることがあっても行かせたくない、行きたくないと、ごく普通に祈願していたことがわかった。その頃は甲種合格になっても全員が兵役に行くわけではなく、せいぜいそのうちの二、三割が行くだけだった。それでも、決して甲種合格にならないように、たとえ甲種合格になっても兵営には入らないように、その前に召集がこないようにと、誰もが公然と祈っていたのだった。

そして、運悪く徴兵された場合、ついてないなといいながら、夜中にこっそりと汽車に乗って命じられた駐屯地に赴いたのだ。

ところが、日中戦争が本格化すると、様相ががらりと変わってしまう。

甲種合格した場合、にぎにぎしく旗やのぼりを立てて、村長以下みんな「何々君出征祝い」と書いたたすきをかけて、そして村の鎮守にお祈りして、列を組んで駅に行くようになった。出征はお国のためで、本人にとってひじょうに名誉だということになった。

なぜ、そこまで急激に庶民の意識が変容したのか。

これは、軍の目が共同体の末端まで入って来たことが挙げられる。また、強権的に、兵士として召集されることが名誉である、お国のためであるという意識を植え付けていったのだ。

そしてこの頃に改訂された国定教科書は、それまでの大正期からのリベラルな教科書から、「ススメ　ススメ　兵隊サン　ススメ」という、よき臣民を作るための教科書へと変わっていった。今と違って当時の教科書は、子供たちの思想形成に絶大なる影響力を持っていた。軍人がこの日本の救世主であると説いたのである。

その結果、どうなったか。

父の戦場行きを望む子供たち

今、私の手元に、作家の山中恒《やまなかひさし》氏の『追って書き　少国民の名のもとに』という本がある。この中に、お父さんが召集された一家の、子供たちの手紙が収録されている。

このお父さんは召集されはしたが、運良く内地残留の留守部隊勤務となった。すると、十二歳の長女を筆頭に三人の子供たちが、父が戦地に行けないのを残念がって父の所属する部隊長宛に手紙を出したというのだ。

その内容は、このようなものだ。

「ボクノオトウチヤンハグンヂンデス。……タイチヨウサマ一ニチモハヤク、ボクノオトウチヤンヲシナヘヤツテクダサイ。」（七歳の次男）

「早く支那へいつて、わるい人をやつゝけさして下さい。」（九歳の長男）

「一日も早く出発し、支那の大陸で思ふ存分の御奉公ができたら、お父さんも満足なさることゝ思ひます。どうか早く支那へ行つて、軍人の本分がつくせるやうにお願ひ申します。」（十二歳の長女）

自分の父親を戦場に送ってくださいという嘆願書なのである。

この子たちにとって、自分の父親が戦場に行かないのは不名誉なことなのだ。それでは自分たちもお国に奉公しているとはいえなくなる。子どもは当然、戦場なんてわかっているわけがない。つまりそういうことを書くという空気、雰囲気の中で育っていったということであろう。

昭和十二年からわずか三、四年で、子どもがお父さんを戦地へやってくださいと訴えるようになる、この庶民の変化、臣民の変化はどこに原因があるのだろうか。

戦争を知らない庶民たち

いろいろな解釈ができるとは思うが、私は戦争を軍事的に捉えるのではなく、まったく別の、例えば道徳や倫理の枠内で捉えているためだと思う。親を戦場に送ってくださいというのは、この子どもたちにとっては親孝行の一種なのだろう。しかし、戦争がまぎれもなく「死」そのものであり「破壊」そのものであり、そして人間の抹殺であることには目を向けない、ということであろう。

より具体的に指摘するならば、次のようにいえるはずだ。繰り返しになるが重要なので指摘しておかなければならない。

万歳、万歳と見送られた兵士たちは、これから戦場に行き、生死の境を歩くことになる。

しかし、兵士を送った村の人たちや町内会の人たちは、戦場というもの、戦争というものの実態を知らない。いや、考えようとしない。じつは、これが日本の臣民の大きな特徴なのである。

戦争というのは日常的に死がある。ついさっきまで生きていた人間が、次の瞬間には死体になるということが、普通にある。そして、誰がそうなるかはわからない。当然、自分がそうならないとはいえない、それが戦争なのである。

だが、この当たり前のことを日本人が肌身で知ったのは、昭和十九年十一月頃からアメリカのB29が飛んできて、日本本土へ爆弾を落とすようになってからだ。初めて庶民は、ああ、戦争っていうのはこういうもんなんだ、とわかったのだ。

日本は明治から日清《にっしん》戦争、日露戦争と、ずっと戦争を続けていたが、それは一部の兵士だけが戦争を知ったわけであって、庶民にとって戦争は、ずっと想像の産物でしかなかったと考えるべきだ。

だから私は、戦争体験と戦場体験は違う、といいたい。

戦場体験とは、日常的に生と死に直面して戦った兵士たちの体験のことだ。それに対し戦争体験とは、その時代に生きた人たちすべての体験を指しているのであり、戦争体験と戦場体験はまったく意味が違うのである。

だから臣民は、苛酷《かこく》な戦場体験を知らず、せいぜい新聞やラジオなどで、日本軍がどこを攻めた、郷土連隊がどこを陥落させた、また勝った、という報道でしか知らない。大本営発表が伝える情報のみが、臣民にとっての戦争だったのである。

終戦後まであった大本営発表

ところでこの大本営発表だが、戦争中に八百四十六回も発表されている。最後は昭和二十年八月二十六日まで大本営発表はあった。もっともこの最後は、「大本営……政府発表」ではあったのだが。

この八百四十六回の大本営発表を詳しく見ていくと、いろいろ見えてくることがある。

まず開戦した昭和十六年十二月八日から十二月三十一日までは八十三回発表された。三週間で八十三回。つまり八百四十六回の一割は、わずか三週間で発表されているのだ。

初めての大本営発表は昭和十六年十二月八日午前七時、「帝国陸海軍は今八日未明、西太平洋においてアメリカ、イギリス軍と戦闘状態に入れり」という、開戦の発表だった。最初の一か月など一時間、二時間おきに、日本はどこで勝った、あそこで勝ったと発表していった。しかし昭和十七年の終わりから戦況が悪化してくると、言葉の言い換えが始まる。ガダルカナルで負けた時、「敗退」「撤退」を「転進」といったのは有名である。言い換えもできなくなると、次に嘘をつく。アメリカの飛行機を何機撃墜したと嘘をついたのが典型だ。そして黙ってしまうのだ。昭和二十年三月から五月にかけて、硫黄島《いおう》が落ち、続いて沖縄戦があったのだが、この頃になると、大本営発表は月に二、三回しかなかった。昭和二十年八月十五日は何も発表していない。

最後の八月二十六日は、アメリカ軍が東京湾に上陸、艦船が来るから、国民は平常通り勤務し、平常通りの生活をしろといっている。アメリカ軍が来たら、男性は去勢され、女性は全部強姦《ごうかん》されるなんて噂が飛んでいたが、そういうことはないよという意味の発表だった。

この八百四十六回の大本営発表を分析した時に見えるのは、これは官僚論の典型だということだ。都合の悪いことは言い換える、隠す、嘘をつく。そして、最後は黙ってしまう。太平洋戦争と官僚の構図を積極的に分析すると、私たちは臣民という枠に閉じ込められ、偽りの情報を信じ込まされ、戦争を「聖戦」といい、日本は決して負けないと教えこまれる。その理由は、となるとまさに「神風が吹く」と説明される。まったく都合のいい論理と説明で作られた空間で、臣民もまたそれが心地よく、偽りの夢にふけり、戦争の本質を考えなかったということになるだろう。

捕虜を出さないための戦場道徳集

国内にいる人間が大本営の都合のいい戦況発表を信じ込む一方で、本当の戦場を知った兵士、日中戦争に従軍して生きて帰ってきたのに、また太平洋戦争に召集される兵士などはどう考えていたか。彼らは戦場から帰ってきて、戦友同士の集まりなどに顔を出すと、多くの人が自慢話をし始める。しかしそれが一段落ついた後、話がどんどん深刻になってきて、彼らが実は心の底から傷ついているというのがわかった。少ないように見えるが、戦争神経症になる人も意外に多く、みんな葛藤《かっとう》し、苦しむというのだ。

もっとも、当時はこんな話は一般には知らされていない。そういう兵士たちは自らの心と戦うだけでなく、心配をかけてはいけないと、いかに自分は皇軍の兵士として優秀だったかを周囲に吹聴《ふいちょう》していたともいう。そしてごく普通の庶民は、ますます戦争を知らなくなるのである。

陸軍が、その人間の心の弱さを検証したうえで、昭和十六年一月に東條陸相が発表したのが「戦陣訓」だった。

生きて虜囚の辱めを受けず。捕虜になるな。捕虜になったら、一族郎党の恥だ。共同体の中で名を汚すというものだ。兵士の心を鼓舞する内容だった。

なぜ、こんなものが生まれたのであろうか。

実は日本軍の中で、降伏してしまう部隊、捕虜になる部隊は、意外なほど多かったのだ。

戦後、中国で捕虜になった人たちが中心になって作った「中国帰還者連絡会」という組織があり、そこで私も話を聞いたが、中国で捕虜になる人が多かった。

そして、共産軍の捕虜になると思想教育が行われ、国民党の捕虜になるとそのまま手伝わされて、共産軍と戦うことを担わされた。

中国だけでなく、アメリカももちろん、捕虜から、特に将校からは情報をとるようにしていた。

私は、宮内庁の関係者から、戦時中の米軍が日本の各都市や施設を攻撃する順番を書いた資料があるという話を聞いた。その中には当時の宮内省の上空から撮った写真があり、天皇が住んでいる場所なども書いてあったそうだ。

その人は、どうしてアメリカはここまでわかったんだろうと首をひねっていたが、その答えは簡単である。日本人の捕虜が全部話したからだ。それも一般兵士の捕虜ではなく、近衛《このえ》師団の将校クラスがしゃべったに違いない。だから、宮内省の情報が詳細に記されているのである。

そういう兵士の実態、弱い面を知っていたから、日本の軍事指導者たちは兵士たちに、お前たちはこの戦争の中でどうやって戦うのかを示した。それが「戦陣訓」という戦場道徳集でもあった。「死」ぬまで戦うよう命じなければ、安心できなかったのだ。

日本にジャーナリストはいたか

この章の最後に、戦争とジャーナリズムの関係を述べておこう。なぜなら、臣民が戦争を知らないほど狭い空間に追いやられたのは、ジャーナリズムにも大いに責任があるからだ。はっきり言って私は、昭和六年の満州事変以後、日本にジャーナリズムはなかったと思っている。それは、ジャーナリズムではなく、国家の戦争政策の宣伝機関だったというべきだった。

確かに、昭和六年以後でもジャーナリストとして名前が残っている人が数人いる。たとえば、信濃《しなの》毎日新聞論説委員の桐生悠々《きりゅうゆうゆう》、あるいは福岡日日《にちにち》新聞の論説委員の菊竹六鼓《きくたけろっこ》という人がいる。桐生悠々は五・一五事件あるいは関東防空大演習のときに、信濃毎日新聞で軍を徹底的に批判した。それに対し、地元の松本連隊は不買運動をしたり、信濃毎日新聞に行って桐生悠々を出せと恫喝《どうかつ》したりした。桐生悠々は自ら社を辞して、名古屋に行って『他山の石』という個人誌を出す。それも検閲によってずたずたにされるが、それでも彼は徹底的に軍を批判し続け、昭和十六年に癌で死んでいった。

その『他山の石』の廃刊の辞には、私はこんな畜生道の支配するところにはいたくない。これが崩壊して、いつか解体する時を見たいけれども、私はそこまで命を長らえることができないと書いている。たしかに彼は、本物のジャーナリストだといえるだろう。

それから福岡日日新聞の菊竹六鼓。彼は五・一五事件の時、なんで軍がやったことを誰もが弁護するんだと八本もの社説を書き、徹底的に軍を批判した。そのために久留米《くるめ》師団は、兵士が集団で菊竹を出せと不買運動を行った。また久留米の飛行機のパイロットは、福岡日日新聞の社屋のちょっと上を通って威圧をかける。それでも福岡日日は社長以下、くじけなかった。しかし、結局彼らも日中戦争以後は体制の中に、吸収されていったのだ。

国家宣伝省としてのジャーナリズム

戦争中、ジャーナリズムが死んだなどと説くジャーナリストがいる。私はこれは、おこがましいにもほどがある意見だと思っている。

ジャーナリズムは死んでなんかいない。国家宣伝省になっただけなのだ。

たとえば昭和八年、日本は国際連盟を脱退した。全権大使の松岡洋右が席を立って脱退したわけだが、松岡自身は、日本に帰ったら石をぶつけられると思っていたという。国際連盟を脱退するのは、それだけの覚悟がいったわけなのだ。

だが、彼が横浜に着いたら何千人もの人が旗を振って、万歳、万歳と大騒ぎをしていた。のみならず、あろうことか東京に本社を持つ十一の新聞社が、日本の正義の刃を世界はまったくわかっていない、松岡の英断、日本が国際連盟を脱退するのは当然である、と共同声明を出したのだ。これはもう、ジャーナリズムなどとはいえない。

　ジャーナリストの中には、戦時下では大本営発表をそのまま書かざるを得なかった、と漏らす記者もいる。だが、内心そう思ったけどやらなかったというのは歴史とはいえない。歴史というのは、形、行動、結果である。内心でどう思ったかというのは、弁明でしかない。

　戦後すぐ、新聞社でも労働争議がおこった。それをいくつか見れば、彼らの考えがよくわかる。

　まず、ある新聞の場合、編集局長以下、会議を開き、戦争に負けたから我々もこれからは民主主義でいかなければならない。でも、いきなり民主主義をやるわけにいかないから、徐々にソフトランディングしていくような論調でいこうとなった。これは社史にも書いてあるし、当時の紙面でも報道された。私はその記事を見ながら、この人たちはなんて傍観者なんだろうと思った。戦争中は軍から言われてこう書いた、今度はちょっと柔らかくしていって、国民の意識を変えていかなきゃいけない。そこにあるのは、国民の意識を変えるという傲慢《ごうまん》さと、ジャーナリズムからの責任逃れがある。

　昭和二十年八月十九日の朝日新聞の社説には、今まで私たちは皇国必勝のもとにこの聖戦を戦い抜いてきたが、武運拙《つたな》く敗れた、さあ、これからは民主主義に向かって一生懸命戦おう、と書いてあった。そういう論調がマスコミの中でなし崩しに行われてきて、変化していったわけだ。

だから、ジャーナリズムが戦争を進めたなどという論は成り立たない。進めたのではない。ジャーナリズムは軍と一緒に戦争を宣伝し、国民を誘導していったのだ。国民は戦争を知らなかったというより、戦争を真正面から見ようとしなかったというべきなのだ。その典型がジャーナリストだったともいえる。

第三章　山本五十六はなぜ前線に行って死んだのか？

天才的軍師・山本五十六

太平洋戦争を見つめる新しい視点、あるいはなぜこの点がもっと深く論じられてこなかったのだろうという謎に、戦争指導者と兵士の関係がある。大本営、ないしは後方にあっての司令部では、将軍や参謀たちが地図とにらめっこをしながら、こっちの部隊はあっちへ、あっちの部隊をこっちへと兵士を動かすわけだが、動かされている兵士の方はそれによって自らの「生」と「死」が決まることになる。

戦争とはそういうものさ、といってしまえばその通りだが、ここには重要な問題が隠されている。戦争とは、将軍や参謀にとっては自らの栄達を極める仕事だが、兵士にとっては死への直進という意味である。そして、九割以上は兵士なのである。それゆえに、戦時指導者と兵士との関係は、指導者は兵士の運命を伴うという本質を含んでいるのだ。

そのことを日本の軍人たちはどの程度理解しているかとなると、はなはだ心もとないといわなければならない。

第一次世界大戦は、まったく戦争の様相を変えた。科学技術の発達による兵器の開発が著しく進んだ。戦車が作られ、飛行機に爆弾を積んで相手方の陣地に落とす。あるいは高射砲の改造が進み、何十キロ先の相手側の陣地まで弾丸は飛んでいく。さらに毒ガスまでつくられた。国家総力戦に移行するなかで、戦略や戦術もまた変わっていった。

こうした状況を捉《とら》えて、当時イギリスの指導的政治家だったW・チャーチルは、このようなことを喝破している。

「これからの戦争は、悲惨になるだろう。後方の司令部にあって、暖衣飽食しながら作戦計画を練る参謀たちと、第一線で命を投げ出す兵士たちとの間に大きな亀裂が生まれる。兵士たちにとっては悲惨で残酷な運命が待ち受けていることになる」

この予想が現実のものとなったのである。

あえて私自身の体験についてふれておくが、一九八〇年代のことだ。ある陸軍大学校出身の大本営参謀と話をしていた時、彼は陸大卒の参謀がいかに太平洋戦争に貢献したかを語ったあとに、尋ねた。

「君に息子さんはいるのか」

「小学生の息子がいます」

私が答えると、彼はすぐに語りだした。

「もし君が息子を戦争で死なせたくなかったら――これからは大きな戦争はないだろうけど、それにしてもぜひ陸軍大学校に入れるといい。今なら防衛大になるけどね」

「なぜ防衛大に入学させなければならないのですか」

「決まってるだろう。死なせたくなかったらだよ。自分の陸大時の同級生が五十人余り（陸大の定員は普通五十人。その受験資格が決められているせいもあるが、倍率はかなり高い）だが、あの戦争で死んだのはわずか四人だよ。それもたまたま激戦地の参謀でね、本来なら戦死ということはありえなかった……」

そのような意味のことを、とくとくと語った。戦地によっては、兵士の死亡率は七十―八十パーセントに達するのだから、この陸大卒のエリート軍人が口にしたことは、まさしく本音であった。

私は何も言えずに黙して、この軍人の顔を見つめた。日本軍の高級指揮官は玉砕を行った戦地以外では、ほとんど死ぬことはなかったことに改めて気づいた。このときにはからずも、戦争指導者の本音に出会ったような思いがしたのだ。まさにチャーチルが言っている「残酷な運命」の意味とは、このことだったと気づいたのであった。

戦後日本で部下の兵士と運命をともにした将官たちは、全体に好意的に受け止められている。他方、特に大本営にあって暖衣飽食しつつ、自らは机上の地図をもとに部隊を恣意《しい》的に動かしていた戦時指導者などは、それ自体で失格、ないしは国民の怨嗟《えんさ》を買っている。第四航空軍司令官として特攻隊員に、「君らこそ神国日本の鑑《かがみ》だ。いつか自分も君らの後に続く」と言って送り出していながら、自分はさっさと台湾の基地に逃げ帰った司令官などは、まさに要領のいい恥しらずの軍人であり、今や戦史に興味をもつ誰もが容易に知ることのできるエピソードとして語り伝えられている。

Tというこの軍人には、ただの一冊も評伝が書かれていない。太平洋戦争の愚昧《ぐまい》な戦争指導者として、その名を歴史に刻まれているのだ。

そういうなかで、今なお人気を持ち続けている軍人は、海軍の連合艦隊司令長官として真珠湾攻撃の指揮を行った山本五十六《やまもといそろく》であろう。私は彼は海軍大学校を卒業したエリート軍人だと思うが、単なる軍官僚ではなく、「人間の心」をもった軍人だったと言っていいだろう。

真珠湾奇襲攻撃には、アメリカは本当に驚いた。なぜならばアメリカは、日本が最初に攻撃をしてくるとすれば、それは太平洋の真ん中にあるハワイではなく、ハワイより近く、アジア最大のアメリカ軍基地があるフィリピンだと予想していたからだ。その予想を裏切って真珠湾に奇襲攻撃をかけたのだから、軍師としての山本五十六がいかに能力のある軍人だったか、よくわかるだろう。

実は山本は、アメリカに留学経験があり、駐在武官も体験したことがある。日本の軍人には珍しい国際通であった。彼は連合艦隊司令長官の前に海軍次官だったが、この時に陸軍が推す日独伊三国同盟に大反対であった。それに対し、陸軍が彼に圧力をかけ、右翼が山本の命を狙うという騒ぎになった。

昭和六年以降の異常な状態の日本において、そういう柔軟で冷静なものの見方ができる軍人だからこそ、山本五十六は真珠湾を叩《たた》くという、どの国の海軍史上でもありえない作戦を立てることができたともいえる。軍官僚では、とても思いつかない発想だ。

「一年は暴れてみせましょう。だが、それ以上は……」

実は山本は、この戦争の無謀さをよく理解していた。内心、軍事冒険主義だと思っていた節さえある。

彼は、首相の近衛文麿に、日米戦争が勃発《ぼっぱつ》した時の見通しを尋ねられたとき、こう答えている。

「自分は軍人だから、戦争をやれといったらやります。そして最初の一年間は暴れてみせましょう。だが、それ以上はわかりません」

日中戦争が始まり、日本は昭和十五年には北部仏印進駐、翌年には南部仏印への進駐という、軍事冒険主義をすすめる。それに対し、アメリカは在米日本資産の凍結や石油の日本への輸出全面禁止、そして最後通牒《つうちょう》のように日本の権益、領土、同盟の放棄をうたったハル・ノートを突きつけるのだが、確かに山本も日米開戦はもう避けられないと考えた。しかし、日本軍が軍事的に優位に立てるのはせいぜい一年くらい。それも、誰もが予想だにしない奇襲作戦で、アメリカを混乱におとしめるしかチャンスはない。そう山本が思い、真珠湾作戦を発案したのが、昭和十五年五月頃だったといわれている。

軍人としての山本は、むろん国家がアメリカと戦争を行うことの無謀さを承知していたが、それはこのような冒険によって国民の生命と財産が危機に瀕《ひん》すること、そして天皇の気持ちに沿わないことなどをよく知っていたからだ。戦争が始まってまもなく、日本は通告なしに真珠湾を叩いたと知り、山本は困惑もしている。しかし山本は、とにかくこの戦争を早く終わらせるべきで、そのためにどのようにすべきかを考えてもいた。

防衛庁（現・防衛省）防衛研究所の戦史部主任研究員・中尾《なかお》裕次《ゆうじ》氏はこのように分析している。

太平洋正面において、海軍作戦を主とする開戦前計画の作戦目的がおおむね達成されたのは、一九四二（昭和十七）年一月下旬のラバウル占領の時であり、この時こそが太平洋正面の戦争第一期の終末といえる。

（『第二次世界大戦（三）終戦』軍事史学会編）

この見方はあたっているだろう。確かに、昭和十七年一月にマニラ占領、続いてラバウル占領、二月にシンガポールを占領し、フィリピンのアメリカ軍司令官だったマッカーサーは、三月十二日、「アイ・シャル・リターン」という有名な言葉を残してコレヒドール島を脱出。この時までが、日本軍が圧倒的優位に戦争を進めていた時だった。本来は、この時に日本は第二段階としてどのような戦略をもつべきか、あるいは政治的に和平や講和の方法を考えなければならなかったのだ。だが事態はそうはならなかった。前述の中尾が書いてある。

しかしながら、開戦前に戦争終結をにらんだ長期戦争指導計画がなかったことが、攻勢の終末点を越えて作戦し、作戦の失敗に応ずる柔軟な作戦指導の変更を誤らせることになってしまった。また、初期作戦の成功に酔い、後は占領地域の軍政に重点を指向し、相変わらず北方を重視した陸軍、真珠湾の勝利によって、聯合艦隊主導の作戦指導に終

始した海軍、両者のこのような態度が、統合された長期戦略の確立を阻止することになったのである。（同書）

浮かれる東條、煽るマスコミ、騒ぐ国民

日本の軍事指導者たちには、アメリカとの講和などまったく念頭になかった。とにかく戦果があがることをひたすら喜んでいた。この頃の史料を見ても、アメリカに軍事的打撃を与えたというだけで、東條は、「日本には天佑《てんゆう》神助がある。皇国三千年の歴史では戦争に負けたことのない民族だ」とその周辺で得意になっているだけだった。

戦果をすぐ陛下にご報告しろと、それればかりを口にしていた。前章で、この時期日本のジャーナリズムは国家宣伝省にすぎなかったと言ったが、その言葉通り、連日国民の士気を煽《あお》り立てるニュースを垂れ流し、それを知った国民は万歳、万歳の大騒ぎ。一般国民だけではない。太宰治《だざいおさむ》や伊藤整《いとうせい》といった知識人たちも、大国・アメリカからの強権的な圧迫から解放してくれたとして戦争を賛美しつづけた。

このような事態を見ると、軍事指導者はすっかり救国の英雄の如き錯覚をするだけでなく、日本は世界全体を支配できると考えるようになった。実際に、日本軍はオーストラリアの近く、東南アジア全域に兵を送った。太平洋の地図を見ていただければわかるが、誰もが知っ

ている有名な戦場のミッドウェー島はハワイの近く、マーシャル諸島やトラック島は赤道のすぐ北、ガダルカナル島においてはもう南半球である。太平洋の遠くの果てまで、日本軍は派兵していったのだ。

だがここまで戦場が広がり、兵站《へいたん》が延びきってしまったら、基礎的な国力に勝るアメリカが本格的に反転攻勢をかけてきたら守れるわけがない。そんなことすらも考えられないほど、日本中、上から下まで浮かれっぱなしで、冷静な判断をしようとすらしなかった。

例えば、海軍の軍令部のエリート参謀たちは、フィジー・サモア作戦というアメリカとオーストラリアを断ち切る作戦をやりたいといってきた。しかし、山本五十六はそれはダメだと主張する。山本はアメリカの太平洋艦隊を一気に叩くべきと考えていた。

そんなことを論議しているうちに、昭和十七年四月十八日、アメリカのドゥリットル隊のB25爆撃機十六機が東京、川崎、横須賀、名古屋、四日市、神戸を爆撃した。この本土初空襲で死者は五十人。開戦から半年足らずのことだった。この空襲に対し大本営発表は、敵機九機を撃墜と虚偽発表を始めている。

このドゥリットル隊は、日本本土から千二百キロ沖の洋上に浮かぶ空母より発進し、二千キロ先の中国大陸まで飛ぶコースをとったのだが、そもそも日本の軍事指導者たちにはこのような攻撃にたいする認識がまったくなく、防衛は完全に後手に回り、以降、戦争の実情を知らなかった日本人は、イヤというほど戦場体験をすることになるのである。山本はそのことを理解していたように思うのだ。

緒戦の戦況の変化を見ていると、日本軍は破竹の勢いで東南アジア各地に進撃したことがわかるし、その成功は日本の奇襲攻撃にまだアメリカも戦時体制を整えていなかったからとも言えた。

しかし私はこのような戦況をなぞりながら、これは戦況についての推移でしかなく、こうした戦況の陰にある戦場の指揮官と兵士の間の動きを見るという視点は失ってはならない、との思いをもつ。つまり、軍事指導者が戦勝に浮かれるのは、本来戦争がもつ残酷な側面（それは兵士が、あるいは国民が死ぬということなのだが）を忘れようとするからではないかと思われる。国民に甘い幻想をふりまくことは、軍事指導者の責任逃れという一面がある、ということだ。

山本はこのような増上慢に不満を持ち続けていたことが明らかになっている。軍の上層部とそれに踊らされる国民への不信感である。半藤一利《はんどうかずとし》の『山本五十六』には、そのような山本の姿が次のように書かれている。山本は「絶望的な日本人論」をもっていたという。

海軍中央に不信を持ち、麾下《きか》の艦隊幹部の能力を疑い、そして日本民衆の軽薄さを憂慮し、山本は負けるが必然の戦いを、一人で、悲壮に戦っていたのではあるまいか。山本はよく冷笑して言っていた。

「扼腕《やくわん》憤激、豪談の客も、多くこれ生をむさぼり、死を畏《おそ》るるの輩《やから》」

（半藤一利『山本五十六』平凡社）

山本が、自らの部下に対して厳しさと温情とで接したことはよく知られているが、戦争初期のなかでいつの日か軍事指導者が部下や日本人を見捨てること、「生をむさぼり、死を畏るるの輩」がそうした連中であることを知っていたのではないか。私はそこに山本の人間的な側面を見るだけでなく、戦場の指揮官と兵士との信頼に似た関係を見出《みいだ》すのである。

まるで漫画のようなあきれた占領作戦

この時期の軍人たちがどれほど傲慢《ごうまん》だったか、とんでもない資料が発掘された。軍官僚が作成した「大東亜戦争に依《よ》る南方占拠諸地域善後処理方策大綱」というのがそれである。

この資料は、東京裁判の時に検察側が入手して裁判に提出しようとしたものの、あまりにも荒唐無稽《むけい》なものとして却下されたといわれている。作成年度は昭和十六年十二月、まさに日本中が浮かれている時であった。

その中の「大東亜共栄圏における土地処分案」として、「帝国領土として総督府を設置する地方」十地点を列挙しているのだが、これがまともな人間が考えたものとは思えない、とんでもない内容なのである。この土地処分案の全体はすでに、私も加わった『「東京裁判」を読む』（半藤一利、保阪正康、井上亮　日本経済新聞出版社）のなかでも紹介されているが、この章のテーマとしてもきわめて重要な意味を持つので、やはり紹介しておきたい。原文は以下のようになる。

一　台湾総督府を拡大しその管下に加える地方
　　香港及び付近英国租借地、蘭領マカオ、フィリピン群島全部、海南島《かいなん》ほか
二　南洋庁管下に加える地方
　　グアム島、ナウル島、ギルバート群島など
三　メラネシア地方総督府または南太平洋総督府管下
　　ニューギニア、ソロモン諸島ほか
四　東太平洋総督府管下
　　ハワイ群島、サモア群島、トンガ群島ほか。おおむね百八十度以東及び南回帰線以北とす

五　豪州総督府管下
全豪州及びタスマニア、ロードホウ島
六　ニュージーランド総督府管下
ニュージーランド南北島ほか。南回帰線以南東経百六十度以東南極地方に至る一帯海面（西経百二十度以東をのぞく）
七　セイロン総督府管下
インド半島の南部、セイロン島、ほか周辺諸島
八　アラスカ総督府管下
アラスカ全領、英領カナダの内ユーコン地方、ブリティッシュコロンビア州、米領ワシントン州
九　中央アメリカ総督府管下
グアテマラ、ホンジュラス、ニカラグア、サルバドル、コスタリカ、パナマ、コロンビア、ベネズエラの一部。エクアドル、ジャマイカ、キューバ、ハイチ、プエルトリコほか
十　メキシコ政府にして我が帝国に宣戦し、妨害の手段に出《い》ずるときは懲罰として、テファンテベック地峡の西方同地峡鉄道を包合し大約西経九十五度三十分以東を割譲

せしむ。

これは第一章の官僚論とも関わるが、軍官僚はヒトラーのドイツとともに世界を二分割しようと考えていたことがわかる。まさに得意の絶頂期には何を考え出すかわからない、という言い方をしてもいいだろう。

さて、こうした夢想じみた計画を、ただ夢想的なプランだと片付けるだけでは、これまでの太平洋戦争論と同じでしかない。私がここで強調したいのは、もし日本がこれだけの占領地をもったなら、日本国民はどうなるのだろうかということだ。国民が浮かれて、世界を支配する皇国日本の姿に陶酔感をもつのは勝手だが、世界各国にこれだけの総督府をつくったり占領地をつくったりしたなら、誰がその地を統治し、誰がその国の平和を約束する職務に取り組むのだろう。

私はこの計画を見て、ここには兵士への思いやりや、あるいは日本国民がどのような運命をむかえるかの視点がまったくないことに驚く。こういう地に赴いて統治を行う末端の官僚や兵士たちがそこでどのような苦痛を味わうか、しかも何かがあった時、すぐに救助に飛んでいけないもどかしさもあるだろうが、そんなことなど寸分も考えられていないことにむしろ驚きをもってしまうのである。

初めてこれを目にした時、私は唖然《あぜん》として声も出なかった。日本の軍事指導者や軍人たちは何を考えていたのか、という驚きである。

アジア諸地域はともかく、アラスカやワシントン州といったアメリカの西海岸、さらに中南米まで支配しようというのだ。メキシコはアメリカの意向を受けて日本に宣戦布告するから、それに懲罰を加えようと……。さらにこのあと、「これら諸国を日本領とした上で」、つまり南米などをすべて日本領にしたうえで、東印度王国、ビルマ王国、マレイ王国、タイ王国、カンボジア王国の独立を許すとしている。

まるで独りよがりの怪物が世界を支配しようとする、漫画か特撮ヒーロー番組に出てくるようなお話で、地球儀を見ながら夢想したのではないかという内容だ。

さすがに国策のレベルには上がってきていないのだが、これは陸軍省の内部では検討されていた。「八紘一宇《はっこういちう》」という、天皇を中心とする皇国の思想、文化をあまねく世界に広げようということを、具体的に軍官僚が話すとこんな話になるのである。ここには、「欧米の植民地支配からのアジアの解放」などという理想、哲学といったものはかけらもない。あるのはただ傲慢不遜《ふそん》で、客観的視点を欠いた誇大妄想だけで、さすがに東京裁判には採用されなかったものの、日本がナチスとともに世界分割を目論《もくろ》んでいたと印象づけられる文章であることは間違いない。

山本五十六は自殺か？

さて、話をもう一度山本に戻すが、アメリカによる初の本土空襲のとき、空母の艦載機からの爆撃を想定していた山本五十六もさすがに強いショックを受けた。以前より計画していた、アメリカの空母を撃沈してハワイ攻略を進め、講和に持ち込むというミッドウェー作戦に改めてこだわった。昭和十七年六月に実際に海戦を行うが、情報収集に長じるアメリカ軍の待ち伏せ攻撃を受け、海軍は壊滅的な打撃を受ける。海軍軍令部はこの敗戦を、国民はもとより、天皇にも十分伝えず、そして陸軍にも連絡しなかったのである。

ミッドウェーの敗戦に山本は責任をとっている。軍人としては、致命的な敗北の批判を受け入れなければならない。その後山本は、連合艦隊司令長官として、ラバウルにあったいくつかの海戦を指揮したが、昭和十八年四月に「い号作戦」実施のために前線の視察を希望した。その前線はアメリカ軍の対戦闘機の行動半径内であることもわかっていた。山本は視察中止を求める参謀の声に抗してその視察に赴いた。

なぜ山本は前線の視察に赴いたのか。

本来なら最高司令官は、そのような危険の多い視察は行わないことが普通だった。い号作戦は、ラバウル周辺の制空権、制海権を確保する意味をもっていた。それが戦線の延びきった日本の避けられない戦略だった。山本は自ら「一年は暴れてみせる」と言ったが、その一年が過ぎて、日本軍は戦時体制を整えたアメリカ軍に抗するために占領地域を絞り込む、あるいは縮小の方向へと舵《かじ》とりをしようとしていたのだ。その時に延びきった戦地にいる兵士たちは、切り捨てのような運命をむかえかねない。その兵士たちに何らかのメッセージを伝えなければならない。山本の前線視察には、そのような意味があったと思われる。

半藤一利は前述の書（『山本五十六』）のなかで、次のような見方を示す。

真の山本の心は、裂けんばかりに悲痛なものであったと思われる。この作戦が終了すれば、自分の権限と責任において一気に後方に退いて、戦線をぐんとしぼる覚悟を秘めている。そのために、ソロモン諸島に展開し奮戦している第一線基地を敵中に捨て石にして残し、見殺しにすることも辞せぬのである。

〝情の人〟山本が、その情を殺し、一軍の将として部下にすべて死ねと命ずるにひとしい。それをあえて断行するのである。

四月十八日に予定されている前線巡視は、い号作戦終了後の激励でも慰労でもない。かれにとっては、それは可愛い部下に永遠の別れを告げにいくことなのである。心を鬼にして「さらば」の一言を告げにいく——だれが反対しようと、止めようと、そうすることがおのれの義務と、山本は深く心に決していた。

ここに山本の本音が明かされているように、私も思う。部下に電報一本で命令を伝えるのではなく、自ら足を運んで別れを告げる。それが山本の真意だった。

そして山本五十六は、ドゥリットル隊の本土空襲からちょうど一年後の昭和十八年四月十八日、ブーゲンビルの上空で撃墜死する。その死は、一か月以上も国民に伏せられた。戦後になって、山本の死は戦死ではなく、むしろ自殺だったという説も囁《ささや》かれている。

それは、なぜか。

前述した通り山本五十六は、おそらく一番アメリカのことをよく知っていた日本の軍人だった。それが、「一年なら暴れてみせましょう」という発言になったわけだが、真珠湾攻撃を成功させた山本の国民的人気は非常に高いものがあり、帝都が爆撃を受けても、彼は希望の星だった。そのような人間が、そして連合艦隊司令長官という要職にある人間が、なぜわざわざ危険な前線のブーゲンビルに視察に行って、兵士たちを励ますなどということをやったのか。また、周囲はそれを止めたのにもかかわらず、山本は強硬に視察に行くことを主張して、あっけなく死んでいった。

それゆえに、山本五十六の死は自殺だという説が出るのだろう。

同時に、なぜ軍事指導者たちはその死を隠したのか。むろん国民の士気が落ちないようにとの配慮もあるだろうが、真の理由は軍事指導者たちが激戦地の兵士に気軽に命令をだし、時には兵士は虫けらのように扱ったにもかかわらず、山本は決してそのような扱いをしなかった、そのことを国民に知らせたくなかったのかもしれない。いや、私にはそうも思えてくる。

山本が今なお国民的人気があるのはいくつかの理由がすぐに挙げられるが、もっとも大きいのは兵士を人間として扱い、自らもまたそのために兵士への礼節を尽くしたということであろう。それが現代の者にも受け入れられているのだ。

私たちはその視点で改めて戦争の責任者、戦場の責任者が兵士をどのように見つめていたかを、太平洋戦争下の戦況ごとに整理してみることが必要ではないか。

第四章　なぜ人を武器にする戦術が生まれたのか？

世界に例を見ない生存率ゼロの作戦

太平洋戦争を語るときに、未《いま》だに明確に問われていないことが幾つかある。その問われていないことの一つに、「人間を兵器として使った」という事実がある。人間を兵器代わりに使ったことは、二十世紀にあってあまりにも異常な戦術である。このことを私たちは、歴史の中で正確に理解して残しておかなければならない。

私自身も『「特攻」と日本人』（講談社現代新書）という本を書いているが、この書でも人間を武器に使った戦争については強く批判してきた。実際に特攻隊の生き残りでもあった高齢者（八十代後半）から何通もの手紙をもらった。その手紙には、「私は、特攻隊のことについてふれたときに、今なお精神のバランスが崩れそうになる」とあり、たまたま私の書を数多く読んでいた娘に、初めて読んでもらったというのだ。そして娘が、この本のこういうところを読みなさいと言って、ある頁を示してくれたという。それは——確かに私の考えを記してあるのだが、次の一節であった。

特攻作戦は、戦争目的の曖昧《あいまい》さを覆い隠し、軍事の優位性を誇示するための犠牲となった作戦であった。……これほど曖昧な戦争を始めた政治・軍事指導者の犠牲だったという事実を押さえておかなければならない。特攻論にはしばしばこのことが見落とされている。

（保阪正康『「特攻」と日本人』講談社現代新書）

この一節にふれて、その通りと思ったといって、特攻隊員としての自分の日々は、その頃は〈天命〉と思っていたが、戦後になってそれは〈作為〉と考えるようになったとも記していた。

このような複雑な感情を抱えている世代が少なくなり、生き残った特攻隊員の精神的な懊《おう》悩《のう》に出会うことが減少していくことは、特攻論が歴史の中でより正確に、より機能的に論じられなければならない時代に移ったことを意味している。そのような時代だから改めて人を武器に変えた、作戦の内実やその分析を明確にしておかなければならないように思う。

特攻論に関してもっとも新しい書は、西川吉光《にしかわよしみつ》の『特攻と日本人の戦争――許されざる作戦の実相と遺訓』である。なぜこの書が注目されるかというと、二つの理由が指摘できるのだ。その一つは、次の世代による特攻論であること。著書紹介を見ると著者は一九五五年生まれで、大学卒業後に防衛庁（現防衛省）に入り、戦史の研究を行っている。英国王立国防大学院に留学の体験ももっている。きわめて豊富な知識に基づいて書かれていることが挙げられる。

もう一つは、その分析が戦史を通してだけでなく、幅広く日本の社会構造を踏まえていることだった。ともすれば特攻論は、特攻隊員を英雄視したり、犬死に論だったりという二つに分化しがちであったが、そのいずれにも与《くみ》せずに理知的に記述がすすめられている。私はこの種の書が、日本でもこれからは主流になっていくべきだと思う。

著者は「まえがき」の中で次のような指摘を行っている。

人間自身が武器となり、敵に体当たり攻撃を敢行する特攻は人類史上希有《けう》な戦法である。戦場に在る兵士が激しい戦闘の過程で、自らの生命を犠牲にしても味方を救う、あるいは生還を断念してまたも攻撃を敢行する英雄的自己犠牲の行為はいずれの時代、いずれの国にもその多くを見《み》出《いだ》すことができるが、出撃の前から帰還を否定し、あるいは帰還を許さず、十死零生の体当たり攻撃を大規模かつ組織的に実施し、しかもそれを軍が正規の戦争計画にねり込んだのは洋の東西古今の中でも日本軍だけである。
（西川吉光『特攻と日本人の戦争——許されざる作戦の実相と遺訓』芙蓉書房出版）

私もまったくこの意見に同感である。さらにこの著者は、こう言う。

日本軍のように戦線の各地で玉砕をくり返し、それが作戦の常態と化した軍隊は他にはない。
（同書）

玉砕という戦術もまた、日本軍の特徴だったことになる。

太平洋戦争を語る時に、この「玉砕」と「特攻」は必ず語られる話だろう。これは百年たとうが二百年たとうが、次代の者にも忘れられることなく必ず語られるはずだ。

それは国家が兵士に対し、まさに十死零生の作戦を進めたからだ。

生存の確率はゼロ。百パーセント死ぬという作戦を兵士に強要した国は、世界史の上でどこにもなかったという指摘に思いを及ぼさなければならない。戦後社会にあっても、現在の国際社会にもそのような例はない。

いま、イランやアフガニスタンなどで自爆テロが何度も行われているが、あれは個人の決意や覚悟、宗教的哲学から行われるもので、国のために自殺攻撃を国家が集団に対して強要しているわけではない。日本ではあの自爆を日本の特攻作戦と同一視する見方もあるが、この点からみてその意味はまったく異なっている。強いていえば、国家がそのような命令を国民に下せるわけではないというのは、まさに常識だと言えるだろう。

それゆえにこれからも、国家の無責任さ、国家の国民に対する考え方の例証として語られるだろう。戦争だったといえども、国家が個人の生命をこれほどまでに軽く扱っていいのかと。これがシステムで行われたことも語られつづけるだろう。

今の我々の生命観、社会観から見ると、特攻作戦は常軌を逸しているとしか思えないし、当時のアメリカ人もそう思ったろう。そして、国家と個人を対比させて、こういう形でしか日本人は戦争できなかったという論を引きだすことは、間違いであるということを指摘しておかなければならない。

だがその前に、なぜこういう作戦が生まれたのか、そしてなぜ人々はこんな作戦を受け入れたのか、それを検証しなければならないだろう。

精神が飛行機を撃ち落とす

玉砕や特攻作戦、これは何のためにあるのか。

日本がアメリカ、イギリスという大国と軍事と軍事の衝突をした場合、冷静に考えれば国力の差は開いていて、三年九か月も戦えばバランスが崩れてくるのは目に見えていた。その時日本は、基本的に国力がない国は人が兵器になる以外ない、という発想につながっていく。

この作戦が行われるプロセスを見ていくと、アメリカの機動部隊の圧倒的な軍事力に対抗の術《すべ》をなくした日本海軍は、ごく自然に体当たりによって空母を沈め、そしてアメリカの戦力をダウンさせようと考えていった。昭和十九年十月のことである。そのために海軍兵学校出身のパイロットがその責任者に命じられる形になっている。このパイロットは、なぜこんな戦術を、と不満に思ったというが、それでも命令として受け入れ、フィリピンでのレイテ作戦でアメリカ軍の空母に体当たりしている。

このパイロットの懊悩についてはすでに詳しく調べられているが、私はこの作戦を主導した海軍内部の参謀たちの焦慮はわかるにしても、この作戦は「悪魔の囁《ささや》きをもった作戦」だったと思う。特に兵器開発での差が歴然とできてしまったこともあり、最初は日本海軍が密《ひそ》かに人間魚雷の製作を始めていった。昭和十九年の春ころだが、当初の計画では人間魚雷にも脱出装置をつけるように配慮されていた。だがその命中率を高めるためにも、一人が脱出せずに魚雷と運命をともにする方向に向かっていった。それが当然の推移だったといわれているのだ。

人間が武器になるという作戦は、一度入ってしまったら抜けられない道だ。それは道徳的な退廃の作戦だから、特攻や玉砕の問題は軍事の戦略の問題というよりも日本文化の問題にすり替わる。

例を挙げれば、「精神一到何事か成らざらん」という言葉がある。本来これは、絶望的な状況に陥った時にある条件があって、その条件の中で語られなければならないものなのに、ゼロの地点で語られることが多い。精神だけが強調されることになるのだ。そのような例は太平洋戦争ではいくつもあった。

首相・陸相の東條英機が飛行学校を訪れ、学生にどうやって敵機を撃ち落とすか、と質問した。学生たちは、高射砲でこう撃てば……、と具体的に答えた。

「違う。精神で撃ち落とすんだ」

東條はこう言った。とてもではないが、これは首相の言うべき言葉ではない。精神は「敵機」を撃ち落としたりはしない。しかし、東條は平然と言う。せいぜい飛行学校の教官ていどが口にするならまだしも、戦時指導の最高責任者の言なのである。そして私たちの国は、精神で撃ち落とすというような訓辞に、きわめて弱いのだ。そういう文化風土の中にあることを認めなければならないだろう。

特攻の始まり

初めて戦術としての組織的な特攻隊の出撃は、昭和十九年十月二十五日。海軍の神風《しんぷう》特攻隊である。

この年、各地の守備隊が次々玉砕するなど、戦況は著しく日本に不利となった。軍事指導者たちの無能ぶりからなんら打開策が見いだせないまま、戦争はズルズルと泥沼に陥り、犠牲者をいたずらに増やしていた。その中から出てきたのが「体当たり攻撃」作戦だった。

まず海軍が、人間魚雷「回天」を開発した。もっとも初期の段階では、回天には脱出装置をつけようとしていたのに対し、陸軍は、もともと明治期から肉弾戦を行っており、航空機による体当たり攻撃戦術も、自然と生まれてくる土壌があった。参謀次長兼航空本部長・後《うしろ》宮淳《くじゅん》の言葉に、如実に表れている。

「突撃は歩兵の精華であり、体当たりは航空の突撃である。これこそが日本陸軍の真の精神である」

そして、海軍の特攻作戦は、十月五日に第一航空艦隊司令長官に任命された大西《おおにし》瀧治郎《たきじろう》によって始められた、と一般にはいわれているが、これには異論が多い。むしろ大西一人にその責を負わせようとして、戦後の神話ができあがったとも思える。終戦直後の昭和二十年八月十六日未明、大西が官舎で割腹自殺をしたためともいわれているのだ。

ところで特攻作戦は、志願兵による参加が建て前だったが、最初の頃は志願者がおらず、困り果てた大西らは、海軍兵学校出身の士官に特攻隊員になることを命令したとされている。その時に特攻隊員となったパイロットの談話が記録として残されている。

「日本もお終《しま》いだよ。僕のような優秀なパイロットを殺すなんて……。僕なら体当たりせずとも敵母艦の飛行甲板に五〇番（五〇〇キロ爆弾）を命中させて還る自信がある」

（中略）

「僕は天皇陛下のためにとか、日本帝国のためにとかで征《い》くんじゃない。最愛のＫＡ（海軍隠語でＫＡは妻のこと）のために征くんだ。……」

（大貫恵美子『ねじ曲げられた桜』岩波書店、傍点は著者）

このような作戦が実行されること自体、日本社会や組織が疲弊の極みに陥っていることを、現場の兵士たちは肌身で感じていたのである。

臣民の枠を超えた特攻隊員

志願制だったか命令だったかは今にいたるまで論争されている。国家としてこのような作戦を行った事実を認めたくない者は、あえて志願だったと主張し、特攻隊員一人一人の殉国の思いを強調するのだ。彼らの崇高なその精神を讃《たた》えるのである。だが私の見るところ、志願という名をつけたほぼ強制、あるいは拒めないような状況づくりが行われたというのが本当の姿である。そして戦後の日本社会は、その事実を精査することなしに、ひたすら特攻隊員の精神を讃えるという誤りを犯してきた。

私はこれまで何人かの存命する特攻隊員に会ってきたが、そのなかで勇躍自ら志願したという者はほとんどいなかった。ある特攻隊員は、このように述懐している。

「特攻作戦を行う部隊へ志願するように命じられて、その通りにしただけのこと。仲間があんな形で次々に死んでいくとは思わなかった」

特攻隊員には学徒兵が多かった。

大学生が大学教育を途中で打ち切られて、動員されたのは昭和十八年に入ってである。十月二十一日に、あの有名な雨の神宮外苑《がいえん》競技場での学徒出陣壮行大会が行われた。

当時、大学生の数は今と比べものにならないくらい数が少なく、同年代の四パーセントほどともいわれた。その意味で彼らは日本のエリート層であったわけだが、そういった彼らが遺《のこ》した手記が、戦後出版された『きけ　わだつみのこえ』などに収録されている。『きけ　わだつみのこえ』の最初に、上原良司《うえはらりょうじ》という特攻隊員の遺稿が出ている。

彼は慶應義塾《けいおうぎじゅく》大学経済学部の学生で、学徒動員で海兵団に入るが、その後特攻隊になり、昭和二十年五月十一日に陸軍特別攻撃隊振武《しんぶ》隊の一員として、沖縄嘉手納《かでな》湾で死んだ。二十二歳だった。

彼は遺稿に、「私は本来自由主義者です」と書いていた。自由というのは基本的に大事だが、残念なことに今のファシズム、枢軸国家の体制は自由とはいえない、とも書いてある。そして最後に、次のように認《したた》めた。

「明日一人の自由主義者がこの世から消えていきます」

一般的には、特攻隊員は何を書いてもいいと言われているが、かといってこの国を批判したり、戦争継続に異議を申し立てることなどが許されていたわけではない。にもかかわらず上原は、自分は自由主義者であり、ファシズムには反対であることをかなり辛辣《しんらつ》に表現している。例えばそこには、ドイツ、イタリアといった枢軸国の敗戦を喜ぶかのような表現さえあるのだ。上原は、どうやってこの遺稿を書いたのだろうか。

実は報道班員に高木俊朗《たかぎとしろう》という人物がいて、明日出撃する振武隊の中にいた上原を見つけ、君、ちょっと何か書いてくれと言って紙と鉛筆を渡した。上原の表情があまりにも思いつめた様子だったからという。すると彼が一晩で書いてこっそり高木に渡したのが、この遺稿なのである。だから、本音が書いてある。

当時の日本人は臣民意識そのものだったが、この遺書の中では、特攻隊員である上原は明らかに臣民の枠を超えている。光栄ある特攻隊の一員として、与えられた任務はやりますというくだりは臣民としての表面的な装いともいえるのだが、本当は自由主義者であるという自己規定は市民そのものである。彼は臣民と市民の両方を正直に遺稿の中に遺したのだ。

「わざわざ自殺しに来るとは間抜けな奴だと笑うだろうよ」

上原良司の妹は、当時女子医専の学生で、特攻に飛び立つ前の兄を東京の調布《ちょうふ》の飛行場に訪ねていった。むろん兄が特攻隊員に選ばれていることなど知らない。兄が調布飛行場から他の飛行場へ向かうとの連絡が入り、慰問に赴いたのだ。その時、兄の部隊の仲間五、六人が、上官がいない場で雑談を交わしていて、彼女はそれを聞いていたのだが、なんだか妙な雑談をするなと思ったという。そして寮に帰ってすぐにメモに書き残した。私は、上原の遺稿に青年期からふれていて、感動を覚えていた。それゆえに上原の故郷である長野県のある町を訪れて、医師である妹にも話を聞いてきた。その時のメモも見せてもらった記憶がある。

そこには次のような会話があった。

「ああア　雨降りか。全く体を持て余すよ」

「よし、俺が新宿の夜店で叩《たた》き売ってやらあ」

「その金で映画でも見るか」

「お前の体なんか二束三文で映画も見れねえや」

「それより俺達の棺桶《かんおけ》を売りに行こうや。陸軍省へ行ったら三十万円には売れるぞ」

「三十万円の棺桶か。豪勢なもんだろう」

（中略）

「ああア、だまされちゃった。特操なんて名ばかり良くてさ。今度生れる時はアメリカへ生れるぞ」

（中略）

「向うの奴ら（アメリカ軍のこと）何と思うかな」

「ホラ今日も馬鹿共が来た。こんな所までわざわざ自殺しに来るとは間抜けな奴だと笑うだろうよ」（この引用は、上原良司、中島博昭『あゝ祖国よ　恋人よ　きけ　わだつみのこえ　上原良司』から、昭和出版）

彼らはいつ出撃するかわからない。この時も雨が降っていて出撃地の知覧《ちらん》に向かう予定が延びていたのである。そして、特操なんかに志願しなきゃよかったと言っている。「特操」というのは、「特別操縦士官」のことで、特攻隊員を意味する。そのことを詳しく知らなかったとの告白もされている。「こんな所までわざわざ自殺しに来るとは間抜けな奴だと笑うだろうよ」というのは、アメリカ兵からはこのように見られているのだろうとの自嘲《じちょう》である。彼らは自他を客観的に見つめる目をもっていた。それを、この言は物語っている。私は特攻隊員がこのような話を交わしていたことを、もっと具体的に今の時代の者は知っておくべきではないかと思う。

実際に特攻隊が出撃する前に、実はこういった会話を交わしていることは、当時の文献、資料などでは一切語られていない。

上原の妹は、この会話を奇妙に思ってメモしたが、戦後もしばらくは人には見せないでいた。というのも、特攻隊はお国のために喜んで死んだことになっているのに、実はこんな会話を交わしていたことが知られたら大変なことになる、と恐れたからだ。だから公表されたのは、戦後三十年近くを経てからである。

「海軍の馬鹿ヤロー！」

あまり知られていない事実だが、特攻隊員の自爆機が敵に突っ込んでいく時、ときに基地ではその無線をオンにしていたという。

これは何々機、誰某《だれそれ》、これから突っ込みますということを確認するわけで、基地ではその最後の瞬間の特攻隊員の声を大体は聞いていたのだ。そして、その声で戦果を測っていた節もあった。

戦時下で、芙蓉《ふよう》部隊という航空部隊の隊長だった美濃部正《みのべただし》という指揮官が、戦後四十年近くたって、戦時下の日記やメモなどを含めて私家版の回想録をだしている。もっとも刊行されたときは病死していたのだが、そのメモによって私は意外な事実を知らされた。美濃部は海軍の指揮官として、特攻作戦に一貫して反対した。

「私には、百パーセント死ぬ命令をだすことはできない」

これがその理由だった。

私は何度か美濃部を取材していて、教えられることが多々あった。手紙の交換も続けたが、そのような当たり前の感覚を持っている海軍軍人がいることに、密かに安堵《あんど》感を覚えた。その美濃部のメモに、特攻隊員たちの無線を受けている無線技師からの報告内容が書かれているのだが、そこに次のようにあった。

今日の無線の中に、『海軍の馬鹿ヤロー！』といって死んだ特攻隊がいる。絶対極秘。いかなることがあっても海軍に漏らしてはいけない。

これは何を意味するのだろうか。特攻隊員の中には、アメリカ軍の空母に体当たりしていくときに呪いの言を吐いていった者が少なくないということだ。このような事実は、一般に明らかにされていない。しかし、もし明らかにされたなら、そこには鋭く軍事指導者や参謀を批判している内容が少なくないことがうかがえるのだ。

特攻隊員の無線の記録は、必ず資料があるはずなのだが、今に至るも一切公開されていない。あるいは昭和二十年八月十五日の段階で燃やしてしまったのかもしれない。

私は当時の無線技師の人たちから教えられたのだが、彼らの言では、誰もが「天皇陛下万歳」と叫んで死んだわけではない。泣いていた人もいたし、「おかあさん」と叫び続けた者もいるといい、悲しい話が数多くあると証言していた。

それが本当の姿なのであろう。それを正直に伝える、それこそが史実を伝えるということなのだ。あえて言えば、それを太平洋戦争を見つめる新しい視点に据えなければいけないということだ。

ある整備兵の告白

さらに、二、三年前のことだが、千葉で講演した時の話を紹介したい。

講演が終わって、私が控え室に戻ったら、娘を連れた八十代とおぼしき高齢者が、どうしてもあなたに話があるので、今日は病院にお願いして外出届けを出し、娘とともに来たと言った。そこで別室に行って二人きりになると、その人は、私はもうこの後そんなに長く生きないだろう、だから、これまで誰にも言ったことがないことをお話しするので、記憶にとどめておいてほしい、と話を切り出した。

その人は学徒兵で、戦時下では特攻隊員の乗る飛行機の整備兵をやっていたそうだ。特攻隊の飛行機が一機飛び立つには、三、四人の整備兵が必要で、毎日飛行機の整備をしていた。当然同じ学徒兵だったこともあり、親しく会話を交わすことになった。初めは他愛ない話だったが、次第にお互いに心の中を明かすようにもなった。ある時彼が整備していた飛行機の特攻隊員に出撃命令が出された。この特攻隊員は特攻機に乗る直前に失禁して、そして失神状態になってしまったという。別にこれは珍しい話ではなくて、そういう話が数多くあったそうだ。その特攻隊員は生真面目でおとなしい男だったのだが、整備兵たちは彼の顔を叩いて目を覚まさせて、むりやり特攻機に乗せたという。すると特攻機は、反射的に飛び立ったそうだが、その隊員はとても沖縄まで飛んでいく状況ではなかったという。

「途中で、鹿児島湾のところらへんで不時着したと思いますよ。たぶん彼は、この理不尽な命令に戸惑いながら、最後は自殺同然に海に突っ込んでいったと思います。私たちが彼を殺したようなものです。そのことを私は死ぬまで伏せておこうと思ったのですが、あまりにも彼に申し訳ない思いがするし、私も嫌がる彼を乗せて送り出したとの罪の意識を持って生きてきました」

その高齢者は述懐し、生きている間に話しておきたかったと言うのであった。

その後、私が記録を調べてみると、この特攻隊員が沖縄まで飛んでいったとの記録はなかった。

頬を叩いて特攻機に乗せたこと、それはこの元整備兵が抱え込んでいる一生の心の傷だったのだ。皇軍の勇猛な兵士とよく言われるが、じつはそうではない、ということを知る必要があるエピソードではないか。

責任をとる人間と逃げる人間

本書にも引用した『ねじ曲げられた桜』の著者の大貫恵美子氏は、アメリカ在住の学者で、私と同世代の研究者なのだが、この本の中で特攻作戦をアメリカの視点で分析している。この中で彼女は、特攻作戦とこの作戦を進めた軍事指導者たちに対して許容するものがない、と激しい筆調で批判をしている。

その点、私と世代が近いにもかかわらず、幾つかの点で違うなと思うのは、私は百パーセントの特攻批判はできないとの立場である。というのも、この作戦を選ぶというところに、戦時指導した参謀たちの意識のどこかに、日本的文化があったのではないだろうか、と考えているからである。最後の段階では思考を放棄して、情念だけで事態を捉《とら》える。あるいは感性のみで現実に向き合おうとする。その習性を私たちは持ち合わせているのではないかと、自省することが必要なのである。

前述の、特攻作戦を進めたと言われている大西瀧治郎は、終戦直後に自殺している。大西以外にも、死んで責任を取るといって、戦後自殺した作戦参謀は何人もいた。

また、特攻隊を送り出したある隊の隊長は、自らは死ぬ機会を失ったが、戦争が終わったあと、彼の部下で特攻隊員として逝《い》った学徒兵の家を一軒一軒訪ねて、お焼香して歩いたという。その慰霊をすべて終わった昭和二十二年、彼は千葉県で列車に飛び込んで自殺した。

なぜ彼は列車に飛び込んだのか。それは、列車が機械だから、鉄の塊だから、と遺書に書いてあったとの説がある。特攻隊として部下を送りだしたことのつらさを自分が味わうには、列車に飛び込んで散るしかないと思ったのであろう。

もちろん、戦後になって知らぬ顔して逃げている人間もいる。だが、死という責任を取った人に対しては、私は批判の矛先を鈍らせるべきだと思う。死ねばそれでいいのかと、よくいう人がいるが、やはり死ねばいいのである。相手を十死零生で死ぬ命令を下した責任者は、確実に自らも死ななければならない、それは当然のことだと私は思っている。

その当たり前のことをしないで逃げた人、自分を免責にするために、戦後、特攻をかなり曲解して伝えている人たち。こういう人の主張を私たちは徹底して否定しておかなければならない。あえていえば、許してはいけない。

特攻隊の問題は、基本的には私たちの国の文化とか、責任の問題とか、そういったものを内在している。それを知って、百年先の我々の子孫にメッセージを残しておかなければならないというのが、私の考えである。そうすることで、「人間を武器に使った」時代に生きた責任を果たすことになると考えているからだ。

第五章　日本の軍事指導者たちの敗戦の理由

半世紀以上たって発掘された資料

太平洋戦争に勝つ、とはどういうことだったのか。軍事指導者たちは「勝つ」ということをどのように理解していたのだろうか。改めてあの戦争を理解する一助として、軍事指導者が「勝つ」意味をどのように考えていたかを確認しておく必要がある。

これは私がしばしば例としてもちだすのだが、戦時下の首相であり、陸相である東條英機は国民に向けての演説の中で、あるいは議会などでくり返した。

「畢竟《ひっきょう》、戦争とは意志と意志の闘いである。負けたと思ったときが負けである」

この言は、精神力を強く持って聖戦完遂を行おうというのであったが、しかしよく考えると、奇妙奇天烈《きてれつ》な論法であることがわかるのだ。

もしこの言を真面目に口にしているとするなら、これは精神の退廃化につながっているのではないかとの思いがする。この論法を用いると、つまり日本は決して戦争に負けないとなる。なぜならば、ここでAとBとのケンカがあったと仮定しよう。Aは日本でBはアメリカとしてもいいのだが、とにかくAとBは殴り合いのケンカをした。Bが圧倒的に強く、Aは最初こそ威勢がよかったが、次第に腕力のあるBに叩《たた》きのめされてしまう。

さてそこでBは、Aに対して申し出る。

「もう降参だと言え。そうすればケンカはやめるから」

しかしAは降参という意思は示さない。なぜなら「まいった」と口にすれば負けたことを認めたことになるからだ。

その結果、Aはどうなるのか。この喩《たと》えが適当か否かはともかくとして、Aは決して負けないことになる。たとえ殴られ続けても「まいった」と言わないのだから、最終的には死んでしまうだろう。Aは主体的には決して負けない。しかし客観的には「死」を迎えることになり、負けないどころか、その存在が抹殺されることになるのだ。これは悲劇というより、歴史的には喜劇的要素を含んだ言いぐさということになるだろう。

前述の東條の言は、そのような意味を含んでいる。これが草野球の監督の台詞《せりふ》ならわからないでもない。こうした精神力で選手を激励することはありうる。だが、国家として戦争を続けている折の指導者の言といえるだろうか。こんないいかげんな論理が用いられていいのだろうか。

日本が戦争に勝つということは、どういうことか。実は大本営政府連絡会議では開戦の方向をすすめつつも、戦争終結とはどのような状態なのかも討議している。昭和十六年十一月十五日のことだったが、そこで「対米英蘭蔣《しょう》戦争終末促進ニ関スル腹案」という方針が決められた。しかしこれは陸軍省、海軍省のそれぞれの軍務局の政治将校が話し合って大枠を決めたにすぎなかった。

この時の政治将校の一人（陸軍側）である石井《いしい》秋穂《あきほ》は、私にこう語ったことがある。

「実はわれわれもびっくりしました。東條さんから終戦の方針を定める文書を作成せよと言われて、まあこんなところかと希望的観測をまとめたわけです。これを叩き台にして論議してほしいと思ったのです。ところが大本営政府連絡会議で、あっさりと決まったのです。つまりまったくといっていいほど討議はされなかったということです」

実際にこの腹案は、あまりにも希望的観測を並べたものだった。方針として二項が挙げられているが、それは次のような点である。

一　速ニ極東ニ於《お》ケル米英蘭ノ根拠ヲ覆滅シテ自存自衛ヲ確立スルト共ニ更ニ積極的措置ニ依リ蔣政権ノ屈伏ヲ促進シ独伊ト提携シテ先《ま》ツ英ノ屈伏ヲ図リ米ノ継戦意志ヲ喪失セシムルニ勉ム

二　極力戦争相手ノ拡大ヲ防止シ第三国ノ利導ニ勉ム

方針が二項、そしてそのための要領として七項が挙げられている。拙著（『東條英機と天皇の時代』）でも書いたのだが、この七項には次のような内容が書かれている。つまりこの点につきているともいえたのだ。拙著からの引用である。

方針には、極東の米英蘭の根拠を覆滅して自存自衛を確立するとともに、蔣介石《かいせき》政権の屈服を促進し、ドイツ、イタリアと提携してイギリスの屈服をはかる、そのうえでアメリカの継戦意思を喪失せしむるとあった。この方針を補完するために、七つの要領が書き加えられていた。そこにはイギリスの軍事力を過小評価し、ドイツに全幅の信頼を置き、アメリカ国民の抗戦意欲を軽視し、中国の抗日運動は政戦略の手段をもって屈服を促すという、根拠のない字句の羅列があった。願望と期待だけが現実の政策の根拠となっていたのである。

（保阪正康『東條英機と天皇の時代』ちくま文庫）

このような曖昧《あいまい》な形でしか「勝利」という事態を予測することはできなかった。ドイツ頼み、それに敗戦を受け入れるか否かは相手側の態度に依拠するということなのだ。

こういう認識で始めた戦争だったから、国民にはひたすら「聖戦完遂」と「皇国二千六百年不敗の神国」という点を軍事指導者は説くだけだった。「勝利」という方向も、その収拾も曖昧にしたまま、ただひたすら戦うことだけを要求したのである。

三年九か月の太平洋戦争のうち、二年八か月余にわたり戦時指導の責任者だった東條英機が、その演説などで明らかにしたのは次の三点だったといっていいだろう。

一　日本は神国であり不敗の国だから、決して負けない。

二　負けたと思ったときが負けたときだから、そのような腰抜けの国民は徹底的に取り締まらなければならない。

三　この戦争は長期戦だから、勝つまでは続けなければならない。

この三点が太平洋戦争下の戦時指導の要諦《ようてい》であった。そのためには、国民はすべて内閣（東條内閣ということだが）に協力しなければならない。協力しないものは国体破壊論者であり、非国民であり、そして「敵に内通しているスパイ」だというのであった。いわばむちゃくちゃな論理がこの三点の中には凝縮していたのであった。国民はこの三点を守らなければならない、あるいは自分の内閣に協力しなければ敗戦主義者という独善的な考え、あまりにも歪《ゆが》んだ軍事指導の形がつくられていったのである。

結局、東條は昭和十九年七月の「あ号作戦」の失敗でサイパンを失うことによって、重臣たちからの抵抗を受け、そして天皇の信任を失い退任している。その後の小磯国昭《こいそくにあき》内閣は、具体的に戦争に「勝つ」という成果を上げることができずに、政権を投げ出す形になった。その後を継いだのは鈴木貫太郎《すずきかんたろう》内閣であった。鈴木首相は、この戦争を勝つという目で見ておらず、とにかく早急に戦闘をおさめなければならないと考えていたのである。

昭和二十年八月十日から十五日の間、日本は結局、ポツダム宣言を受け入れて敗戦という事態に対処する以外になかった。そのような状況になっても、なお「勝つ」ということは無理にせよ、「負けたくない」との感情が軍事指導者たちにはあった。往生際が悪いという例かも知れない。

この昭和二十年八月十日から十四日頃までの、たとえば東條は、敗戦という事態をどのように受け止めていたか、そのことを改めて検証するのに恰好《かっこう》な文書が二〇〇八年夏に公表された。それは日本経済新聞のスクープという形で明らかにされた。私はたまたま日本経済新聞の記者から事前に、これは新発見だろうかと尋ねられていた。もとより、戦時下の首相としてその大半を担った東條英機がポツダム宣言受諾時にどういう考えをもっていたか、そのことは大いに関心がもたれると答えていたのである。

　いってみれば「勝つ」という目算も曖昧なままに戦った戦争で、実際に負けるという状況になったとき、そこにどのような理由を見出《みいだ》すかは歴史的にも明確にしておかなければならないことだった。この東條の手記は、昭和二十年八月十日から十四日に書かれたものだった。日本経済新聞の記者（井上亮《いのうえまこと》）は、東京裁判の文書や資料を整理しているときに、国立公文書館に寄贈されていた清瀬《きよせ》一郎《いちろう》弁護団団長の資料の中からこの手記を発見したのであった。東條を弁護するための資料にならないということで、この弁護人のもとで無視される形で埋もれてしまったのだろう。

　この文書を読むと、まず昭和十六年十一月二十六日に米国が示したハル・ノートは、とても我々はのむことはできなくて、自存自衛の故に立ち上がったのだと書いてある。

　国民の国家の危難の前には三千年間培はれたる忠誠心の発動とは必ずや局面を打解（ママ）するの力を発すべきを固く信ぜり。

こうした抽象的な理解が戦争指導の根幹にあったということだった。さらに、その後に驚くべきことが書いてある。

然《しか》るに事志と違ひ四年後の今日国際情勢は危急に立つに至りたりと雖《いえども》尚ほ相当の実力を保持しながら遂に其《そ》の実力を十二分に発揮するに至らず、もろくも敵の脅威に脅《おび》へ簡単に手を挙ぐるに至るが如き国政指導者及国民の無気魂なりとは夢想だもせざりし処之《これ》に基礎を置きて戦争指導に当りたる不明は開戦当時の責任者として深く其の責を感ずる処、上御一人に対し又国民に対し申訳なき限り……

（半藤一利、保阪正康、井上亮『「東京裁判」を読む』、傍点は保阪）

これはどういうことだろうか。どのような意図で書かれたのであろうか。十分に検証しなければならない。

国民が根性なしだから戦争に負けた

東條は昭和十六年十二月八日の開戦の時に、この国難を国民は一致団結で乗り越え、とにかく勝利のときまで戦い続けるであろう、そういう皇国の精神を私は信じている、ということで戦争指導に当たったと自負している。だが国民は、そうではなかった。戦争末期は、政治指導者も国民もまだ力があるのに、アメリカ軍の攻撃に脅えて手を上げてしまった。「無気魂」な、つまりこんなに弱い、根性のない国民だと思わなかった。だから、そういう国民を見誤っていた自分の不明を恥じるといっているのである。裏を返せば、自分の責任とは、国民の必勝の信念が崩れることを見抜けなかった点にあるというのだ。

これは大変な歴史感覚である。暴言と言ってもいいだろう。あるいは暴言というより、無責任もきわまれりとの言い方をしてもいいのではないか。この文書が日本経済新聞で紹介されたときには、唖然《あぜん》としたとの声が数多く同紙に寄せられたという。

こういう人物が開戦を決定したことになるが、三年九か月に及ぶ戦争の出発点において、大きな錯誤があったといえるのではないだろうか。

一方、開戦の時に海軍大臣だった嶋田繁太郎は、巣鴨《すがも》において東京裁判が最終段階に入ったころ（昭和二十三年八月十三日のことだが）に、自分の正直な気持ちを書き残している。その文書も明らかにされた。

大東亜戦争の失敗は実に遺憾の極であったが、我国力の不足から止むを得ない結果であり、我将来の発展上に一大教訓警告を典《つかさど》る一段階と観られる。本裁判に依て全事態が明瞭《めいりょう》になった様に、昭和十六年十月私が海軍大臣拝命の時には既に米国の準備は着々整備して居り、其の日本打倒決意は堅硬不動であって、其の表現は十一月二十六日の「ハル・ノート」に明示された。（前掲書）

この中で嶋田は、間接的な表現ではあるが、自分たちのこの戦争は失敗であり誤りであった、間違いであった、こういう形で決着したことは、ある意味当然の帰結であったという意味のことを書いている。

開戦の道を陸軍と海軍を代表する形で突き進んだ二人は、最後の段階ではその見解をまったく異にしていた。一人は、政治指導者の降伏に共鳴する国民の姿に怒りをもっていて、そんな国民の精神を見抜けなかったとの責任転嫁を書き残す。もう一人は、改めて冷静に縷々《るる》考えると、アメリカの罠《わな》にはめられたところはあるけれども、この戦争が結果的にこういう敗戦になったのは仕方ない、これは当然の帰結なんだと、自省にも似た書きものを残している。嶋田の文書には種々批判があるにしても、それなりにわからないでもない。

あえてこの二人に望まれる姿勢は、国民に一切の情報を知らせずに、ひたすら自分たちの権力のもとで戦争をすすめたことへの自省であり、あるいは開戦責任者として国民に対する責任（法的、政治的、社会的、倫理的など）があることを自覚して、何らかの意思表示をすることであった。説明責任を果たすこと、それが当然の姿勢だったのである。

しかし東條の手記は、いわば開き直った形になっている。このことは開戦時に、戦争終結のプログラムをもたず、ひたすら「聖戦完遂」を叫んで国民を煽《あお》り立てた責任をまったく理解していないということであった。

東條の言と対比されるのは、終戦時の首相で、とにかくポツダム宣言を受諾して戦争終結への道を開いた鈴木貫太郎の発言、あるいはその考えではないかと私は思うのだ。鈴木は陸海軍の聖戦完遂、本土決戦派に抗しながら、終戦への舵《かじ》取りを行った。その鈴木は戦後、乞《こ》われるままに一時期枢密院議長を務めたが、枢密院の廃止とともに千葉県関宿《せきやど》町に身を落ち着けて、静かに戦後日本の様子を見守り続けた。

その鈴木が、昭和二十一年八月に『終戦の表情』という語り下ろしの冊子を刊行している。その冒頭には次のようにある。

さてここに敗戦一カ年、静かに過去を振り返って見ると、種々の悪夢が念頭に浮かんで来て、我が国の最近二十年ほどの歴史がまざまざと思い起こされてくる。

人間はたとえ間違ったことであっても、それを繰り返し繰り返し耳にしていると、いつの間にかそれが真実にそのように聞こえて来、やがてそれ以外のことは一切間違っているかのような錯覚に捉《とら》われてしまうものだ。

そのうえで日本人はこれまでいささか傲慢《ごうまん》であったと言い、戦争に進むプロセスでも安易に大言壮語する者に引きずられていたと言うのである。鈴木は東條と比べて、国民は本来真面目であったのに、戦争指導者や煽動《せんどう》者の言に安易に乗せられたとも忠告している。そしてこの冊子の末尾では、戦争に負けるのは不名誉ではあるが、それよりもなお、この国の将来が生かされることになったのは、なにより喜ばしいというのだ。

われわれは、鈴木の言が、東條の示している論とはまったく逆だったことを知っておかなければならない。

末尾で示された鈴木の考え方である。

降参するということんな不名誉なことはない、しかも自分の名誉などという小さな問題ではない。陛下の、国家の不名誉を招来したのであるから責任は誠に重い。だがその結果民族が残り、国家が新しく再生することになったのであるから、この民族の将来にたいして余は心から名誉ある国家としての復活を願い、余生を傾けて真に国家が健全な肉体になってゆくまで見守ってゆくのが自己の責任だと痛感している。

東條と鈴木の違いはどこにあるのだろうか。それは「国民」を見つめる目が、開戦時の首相と敗戦時の首相とはまったく異なっている点にあった。片方は国民に責任を押しつけ、もう片方は国民は欺かれていたことを恥じよというのである。

いざとなったら「公」より「私」

戦争に敗れるというのは、誰の責任なのか。責任をとるとはどういうことか。そのことを改めて考えてみたとき、とくに東條と鈴木を比較したときに、その歴史観や死生観に著しい違いがあることがわかる。とくに死生観についていえば東條は、本来なら自らの名で昭和十六年一月に軍内に「戦陣訓」を示達したのだから、その死生観は明確になっていなければならない。この「戦陣訓」は、一言で言えば、将兵に対して死生観を要求するものだった。

実際に、この「戦陣訓」のなかには「死生観」という項があり、そこには次のように書かれている。

死生を貫くものは崇高なる献身奉公の精神なり。生死を超越し一意任務の完遂に邁進《まいしん》すべし。心身一切の力を尽くし、従容として悠久の大義に生くることを悦《よろこ》びとすべし。

この死生観を、東條自身はどのように受け止めていたか。前述したように、A（日本）はB（アメリカ）にどれほどひどい目にあおうとも、負けを認めないのだから、主体的には決して負けないはずであった。前述した戦争終末に関する腹案は「勝つ」という尺度を示していたが、そこにはイギリスや中国を屈服させることができなければ、「勝つ」という状態はこないはずだった。それらの国を屈服させるまで、Aはその死を賭《と》して戦い、そして主体的に「勝つ」状態にならなければならなかった。死生観とはそのような状態から生まれるべきものだった。

ということは、東條自身は何よりもこの死生観を自らの尺度にしなければならなかったはずだ。加えて、この「戦陣訓」は自らの名で示達しているのだから、なおのことその責任があったのだ。彼はその責任をどのようにとろうとしたか。

東條には昭和二十年九月十一日に、GHQ（連合国最高司令官総司令部）の責任者であるマッカーサーの名で逮捕状が出された。

その前日の九月十日まで彼は、自分は陛下にご迷惑をかけたのでその責任を取る、つまり戦争犯罪人裁判をやるのなら出廷して証言するといっていた。これは、陸相の下村定《しもむらさだむ》などにも約束をしていたことだった。その一方で周辺の者には、首相経験者でもある自分のプライドを傷つけられるようなことがあったら自殺するとも漏らしている。結局、プライドを傷つけられたとして、東條は拳銃《けんじゅう》で自殺を図るが、未遂に終わってしまう。

いったいGHQは、どういうことで東條のプライドを傷つけたのだろうか。

この日はGHQが逮捕に来るというので、朝から外国記者団の車が東條邸の前に並んでいた。そして午後四時、MPが逮捕に来たのだが、そのMPは朝鮮系のアメリカ人だった。これはGHQの意図的な行為であるが、東條から見たら日本人にしか見えなかった。そのMPが、逮捕状を英語と日本語で読み上げた。その後に、東條は自決（未遂）した。

戦時下の一時期は国民の英雄だった東條が、日本人に逮捕される。そのことに彼はプライドを傷つけられたのだ。

この事実には、実は重要な問題が隠されている。東條の論理の破綻《はたん》である。もっと詳しくいえば、戦争指導者の本質が暴かれていると言ってもよい。それはどういう意味か。

東條はかねがね、天皇のために申し訳ない、率先してその責任を果たす、私が戦争を始めたので、陛下には責任はない、ということを言っていた。それが軍人として、忠臣としての自分の役目であるというのである。これは、「公」としての東條の自覚である。その一方で、プライドを傷つけられたら自分は自殺するとも言っている。こちらは「私」の意見である。

戦時下ではその「公」と「私」が、秤《はかり》のようにバランスを保っていた。もっとも国民に対しては、「私」を認めていない。戦陣訓を見てもわかる通りだ。「公」に生きろと言っていたではないか。ところが、東條自身は「公」と「私」が衝突したとき、ためらいもなく「私」を選んでいる。つまり自殺を図るとは、そのようなことであった。

平素きれい事を言っているが、最後は「公」よりも「私」を選ぶ。これは東條に限らず、戦争を担った指導者の意識の中によく見られたことだ。

ここからどのような構図がひきだせるか。きれい事を言う人ほど、筋の通らない行動をとるということであろう。人間は土壇場でその本質が問われるということだ。東條は「畢竟戦争とは精神力の差だ」と言い、「負けたと思ったときが負け」と言ったが、その論理を自らに当てはめたときに、まったく矛盾した行為をとっていたことにならないか。戦争の意味が、あえて言えば戦争に「勝つ」の意味が混乱していたことを裏付けたと言ってもいいだろう。

一方で、東條が敗戦後の状況に怯《おび》えていたのも事実だ。つまり「私」にとらわれていたのである。

イタリアは一九四三年九月八日に無条件降伏をして、パルチザンに捕らえられた独裁者ムッソリーニは一九四五年四月二十八日、愛人のクラレッタ・ペタッチとともに銃殺され、その死体はミラノのロレート広場に逆さ吊《づ》りにされた。

ムッソリーニの処刑のあとにヒトラーもまたベルリンの首相官邸までソ連軍に攻め込まれ、

自ら命を絶った。その際にムッソリーニのように晒《さら》し者になりたくないので、遺体を焼却するよう言い残したと言われているほどだ。

逆さ吊りにされたムッソリーニの写真は、雑誌「ライフ」に掲載されて世界中に流された。日本でも九月に入ってから意図的に、その写真が報道されたのだが、東條はその写真を見て、異様なほど脅えていたという。家族を全員別の場所に移し、東條姓を名乗らなくてもすむように娘たちの戸籍を変えようとした。国民からの批判、あるいは復讐《ふくしゅう》にも似た行為を恐れていたのだろう。天皇のために、つまり「公」のために自らの生き方を貫くというのではなく、ひたすら自らの戦時下の国民に向けての発言のはね返りや、さらには戦陣訓に怯えていたことになる。

私はあえて東條に厳しい見方をとる側にいるのだが、それは東條のようなタイプによって重要な国策が担われてはならない、と固く信じているからなのである。

東條神話をでっち上げようとする人々

史実を精密に分析する時、大切なのはそこから何を学ぶかということである。学ぶ気がなければ、それは単なる聞き心地のいい話に終始してしまう。あるいは容易に謀略史観にはまってしまい、フリーメイソンや共産主義者の陰謀にして片づけようとしてしまう。そして歴史を生半可で理解し、わかったような言い方をする。そこには真面目に歴史に向かう姿勢はない。

今後とも数多くの太平洋戦争関係の資料は出てくるだろう。だが、偽の記録というのも必ず出てくる。もっとも怖いのは、史実を見る目がない人が、その偽りの記録を安易に信じてしまうことだ。

これは四、五年前の話だが、ある新聞社の記者が私のところへ来て、東條が巣鴨プリズンにいた時に同房だった人物が今なお生存していて、その証言をとったので記事を書く、ついてはコメントをくれないかと言われた。私は巣鴨プリズンにはそういう同房の者などいないことを、丁寧に具体的に説明した。そんなガセネタに振り回されるべきではないとも話した。それで彼も納得してくれたのだが、こういう情報を信じる方が悪いのだとも諭した。

すると、その新聞記者はポケットから一枚の紙を出して、私に見せた。それはその老人が描いた、東條と一緒にいた巣鴨プリズンの部屋の見取り図だという。六畳ほどの部屋の中にベッドや書き物机、トイレなどがあって、窓ガラスの向こうには芝生が見える。ご丁寧に電話まであって、まるでどこかの応接間のようだった。

一目見て私はすぐ、これはありえない、何か謀略めいた動きがあり、それにこの記者は乗せられていることがうかがえた。誰がこういうことを行うのか。歴史にうとい記者につけこむのは誰なのか。不透明な動きを感じ取ったものだ。

巣鴨プリズンで東條は、二十四時間常にＭＰに監視されていた。毛布を頭までかぶって寝ていると、ＭＰが入ってきて足で毛布を蹴《け》飛ばして、顔を出して寝ろと命じられる。同房者がいるなんてあり得ないし、ましてこんな応接間のような房に収容されていたのではない。記者はしだいに黙していった。

この情報はある筋から出てきたと言うのだが、明らかにある意図からだされている。つまり、東京裁判で東條は日本の国策を堂々と代弁した、その姿に感激したマッカーサーは、東條を特別室に収容したというエピソードを作ろうとしていることがうかがえる。東條をなんとしても戦時指導者として相応の人物だったとする神話づくりが、その擁護派から流されているのだ。

このような歴史改竄《かいざん》の作為、偽証が出てくる時代であり、これからも数多く浮かびあがってくる可能性がある。今はまだ巣鴨プリズンの看守だった人たちも生きているから、その手の話もでっち上げだとすぐにわかるが、やがて記憶を持っている関係者がいなくなると、こういった偽の資料が次々出てくるだろう。そうすると史実が改竄されるだけでなく、私たちは歴史をまったく誤った史実のもとに理解することになりかねない。

太平洋戦争下で詭弁《きべん》を用いた指導者は、もとより東條だけではない。国民にすべての責任を負わせ、自らは巧みに言い逃れの弁をもって歴史の中に隠れようとする者もいる。すでに隠れるのに成功した者もいる。国民は戦時下で欺かれ、そして戦後社会にあっても、「勝つ」の意味も曖昧だった戦争の総括も行えず、さらに指導者批判ができていないところに、私たちのお粗末な人間観が問われているのではないかと思うのだ。

第六章　誰が終戦を決めたのか？

最終的に決断した天皇

アメリカ、イギリスとの開戦を決定したのは、大本営政府連絡会議の出席者たちであった。その出席者は、政府、大本営のいずれを問わず、軍官僚と文官の官僚たちであったことは、すでに第一章で語った。それゆえに太平洋戦争を見つめるには、官僚論が必要であることを明らかにしてきた。

では、終戦を決定したのは誰であったか。終戦、つまり敗戦であり、具体的にはポツダム宣言の受諾を最終的に決断したのは誰だったのか。いうまでもなく、それは昭和天皇であった。昭和天皇の決断（それが「聖断」といわれるのだが）によって終戦は決まったというのは、歴史上の事実として語られているし、それを否定することはできない。だがもう一面で、昭和天皇は終戦を決めたのだから、開戦も阻止することができたのではないか、臣下のものがどれほど開戦を決めて天皇のもとに伝えてきても、昭和天皇が「それは認めることができない」と拒絶したら、戦争は起こらなかったのではないかとの論が一貫して続いてきた。むろん今もその声はある。そしてこの疑問は、確かに本質的な意味を伴っているのである。

初めに結論から書くことになるが、私はこのような疑問、それ自体があまり判然としないという立場に立っている。どういうことかといえば、昭和天皇にその決断を求めるのはさほど意味がないとの考えだ。ありていにいうならその質問や疑問自体に、自らが考えることを拒否して天皇にげたを預けるような考えがあり、それは意味がないということだ。私はこのことを本稿で説明したいのである。

昭和天皇は、終戦を決断したなら、開戦の拒否もできたはずという一般的な疑問に対して、次のように答えている。これは『昭和天皇独白録』からの引用になるが、その内容からみるとすでに終戦時からそのような疑問があったらしく、天皇もそれを意識した答えを返している。少し長く引用しておかなければならない。

開戦の際東条内閣の決定を私が裁可したのは立憲政治下に於《おけ》る立憲君主として已《や》むを

得ぬ事である。若《も》し己が好む所は裁可し、好まざる所は裁可しないとすれば、之は専制君主と何等異る所はない。

終戦の際は、然《しか》し乍《なが》ら、之《これ》とは事情を異にし廟議《びょうぎ》がまとまらず、鈴木総理は議論分裂のまゝその裁断を私に求めたのである。

そこで私は、国家、民俗の為に私が是なりと信んずる所に依りて、事を裁いたのである。

今から回顧すると、最初の私の考は正しかつた。陸海軍の兵力の極度に弱つた終戦の時に於《お》いてすら無条件降伏に対し「クーデター」様のものが起つた位だから、若し開戦の閣議決定に対し私が「ベトー」を行つたとしたらば、一体どうなつたであろうか。

（寺崎英成、マリコ・テラサキ・ミラー『昭和天皇独白録』文春文庫）

昭和天皇の論理はわかりやすくいうなら、次のようになるだろう。

私は立憲君主制という立場をとっている。これはどういうことかといえば、臣下の者が決定してきたことは常に裁可するということであり、私がそれを覆したり、私の判断を強制することは行わない。従って、開戦の時は東條内閣が開戦を決定して伝えてきたのであり、私は戦争に賛成か反対かは別にしてそれを拒む権利はない。もし拒んだりしたら、それは専制君主と同じになるではないか。ところが終戦のときは、戦争継続に賛成と反対が同数になったので、鈴木首相が私に判断を求めてきた。それ故に私は戦争収拾の方向に賛成したのである。それは私の信念に従っての回答であった。

涙による終戦決定

昭和天皇は、もし開戦のときに意見を求められたら、「ベトー（拒否）」と答えようとしたように推測される。その場合どうなったか。次の図が予想されるというのである。

国内は必ず大内乱となり、私の信頼する周囲の者は殺され、私の生命も保証出来ない、それは良いとしても結局狂暴な戦争が展開され、今次の戦争に数倍する悲惨事が行はれ、果ては終戦も出来兼ねる始末となり、日本は亡びる事になつたであらうと思ふ。（同書）

昭和天皇のこの予想は当たっているか否かは即断できない。しかしこのような危機意識がある中で、「開戦」と「敗戦」は決まったといえるのではないかと思う。昭和天皇が敗戦という事態を受け入れたことについて、そのときの内閣書記官長である迫水久常《さこみずひさつね》はその書（『機関銃下の首相官邸』）のなかで、あるいは『迫水久常講演・講話集』のなかで、天皇の本心にふれたことを執拗《しつよう》に説明している。そこには聖断を下した天皇と臣下の者の様子について次のように書いている。このとき（昭和二十年八月十四日の御前会議。このときは全閣僚も加わった）のことはすでに国民にもよく知られている。

そして陛下は玉砕を以《も》って君国に殉ぜんとする国民の心持ちはよく判るが、ここで戦争をやめる外は日本を維持するの道はないということを、先日の御前会議と同じように懇々とおさとしになり、更に又皇軍将兵戦死者、戦傷者、遺族更に国民全般に御仁愛のお言葉があり、しばしば御頬を純白の手袋をはめたお手にて拭《ぬぐ》われました。

一同の感激はその極であります。椅子に腰かけているのに堪えず、床にひざまずいて泣いている人もありました。

しかし私共を現実の敗戦の悲しみを超えて、寧《むし》ろ歓喜にひたらせたものはこの次に仰せられた陛下のお言葉で御座居ます。

陛下は「こうして戦争をやめるのであるが、これからは日本は再建しなければならない。それはむづかしいことであり、時間も長くかかることであろうが、それには国民が皆一つの家の者の心持ちになって努力すれば必ず出来るであろう。自分も国民と共に努力する。」と仰せられました。

いわば涙でもって終戦が決まったというのである。これが日本風の流儀ということにもなるのだろうが、日本の政治とは、こうした昭和天皇の聖断によって決まったという意味にもなる。終戦は昭和天皇によって決まったという裏には、この涙の光景が付随してかならず語られてきた。

腹案執筆者ですら勝てると思わず

ところで、この終戦は昭和天皇によって決まったという言い方の中には、実は太平洋戦争についてのさまざまな見方が凝縮している。あえてその一つを取り出せば、軍事指導者たちは開戦や終戦の明確なビジョンを持っていなかったということだ。つまり、天皇の権威を利用する形で戦争を始めたが、より具体的な終戦のことなどまったく考えていない無責任体制と、軍事指導者たちのおごりが日本国内に広まっていたとの見方ができる。それを踏まえた上で、天皇が終戦を決めたという言い方をしなければならないのではないだろうか。

前章でもふれたが、戦争終結の構想はあまりにも曖昧《あいまい》に決まった。腹案を書いた陸海軍省の事務方のそれぞれの将校たちとて、アメリカと戦争を始め、カリフォルニアあたりに上陸して、あるいはワシントンに攻め入って、ホワイトハウスに日章旗を立てることができるなどとは思ってもいなかった。

この案とて「主敵」であるアメリカに勝てるわけはないとしつつ、とにかく「積極的措置」、つまり軍事的に優勢状態を保ち、中国の蔣介石政府を完全に制圧して、ドイツ、イタリアと提携してイギリスを叩《たた》き、それを見たアメリカの厭戦《えんせん》気分を煽《あお》ってしまおうというのが終戦の案だというのだ。はっきりいって、これは単なる願望を書き連ねただけの作文以外のなにものでもない。実際に書いた本人が叩き台だったと言っているのだ。

つけ加えておくが、石井秋穂は山口県の出身で、陸軍省軍務局課員で中佐から大佐になった人だった。戦後は一貫して社会に出ず、山口県宇部の質素な家に蟄居《ちつきょ》し、軍人恩給のわずかな金で晴耕雨読の生活をした。そして、あの戦争の話をする時には、正座をして証言をするタイプだった。目を瞑《つぶ》り、夏でもクーラーにあたらないで話をするのだ。その彼は言った。

「私には責任がある。昭和十六年七月に対米英蘭への戦争の意思を腹案として最初に書いたのだから」

陸軍省軍務局にこういう軍人がいた。軍官僚でも真面目というべきだが、こういう人物がもう少し前面に出てきて、事態の処理にあたるべきだった。だが石井氏は、開戦と同時に南方軍の参謀としてサイゴンに赴任していく。石井氏のような軍人に列《つら》なるという面をもつ軍人に、井本熊男《いもとくまお》という大本営の参謀なども務めた軍人がいる。この軍人は戦後になって、

『作戦日誌で綴《つづ》る大東亜戦争』という回顧録を書いている。これは比較的自省をこめた書であり、戦時指導部の一人の軍人としてはきわめて重要なことを次代に残している。戦時指導者たちの誤判断について、戦力を分析した上での判断だったにせよ、そこには多くの誤りがあったことを認めている。前述の腹案にかかわる内容もそうだというのだが、次のような一節は重要だ。

わが方も米本土まで進攻することはできないが、米国もまたわが国まで陸海空をもって進攻することはないので、太平洋の中で持久戦となる。結局米国は戦いに疲れて和を求めるであろう。それによって、米国との戦争は終末に導くことができるという考え方であった。

米国は物はあっても、精神力はないという見方は全く百パーセント見当違いであった。わが方は精神力をもって米軍に勝つという胸算用であったが、これが致命的な誤算であった。

こうした致命的な誤りをもって戦ったと告白しているのである。それゆえに敗戦になったとの見方が示されている。

最初黙殺されたポツダム宣言

終戦までのプロセスのなかで重要なのは、ポツダム宣言受諾へ至る道筋のなかにある。終戦を決める主体となるべき、当時の戦時指導者の姿勢を改めて見つめ、昭和天皇がその姿勢に強い不信と恐怖をもったことを知っておかなければならないと思う。終戦を決断したのは確かに昭和天皇であるにせよ、真に昭和天皇をして決断に至らしめた理由は何なのか。これがもっとも重要である。そのために、ポツダム宣言の受諾を決めた「人物」こそが、終戦を決めたともいえる。つまり、そこに昭和天皇と彼らの提携があったということになる。それを確認する必要がある。

「ポツダム宣言」とは、一九四五年七月十七日から八月二日までの間、アメリカ、イギリス、ソ連の首脳、つまりトルーマンとチャーチルとスターリンが、第二次世界大戦の戦後処理をめぐって、ドイツのポツダムで話し合った「ポツダム会談」によって生まれたものである。調印されたのは七月二十六日。そして、アメリカが七月二十七日と二十八日にその内容を放送した。

この時ソ連はまだ日本と交戦状態になかったので、ポツダム宣言にはスターリンではなく中国の蔣介石の名前が出ている。

このポツダム宣言は全体で十三項目からなっているが、重要な点は第六条「世界征服ノ挙ニ出ツルノ過誤ヲ犯サシメタル者ノ……永久ニ除去」、第七条「連合国ノ……占領」、第十条「一切ノ戦争犯罪人ニ対シテハ厳重ナル処罰」、そして第十三条で「全日本国軍隊ノ無条件降伏」などを求めている。

ポツダム宣言はもともと英語で書かれていた。通常外交文書は、外交用件を表す言葉の専門的な意味を的確に捉《とら》えなければならないので、外務省の訳が一般的に使われる。だがこの時、アメリカの放送を傍受した日本側は、外務省、陸軍省、海軍省、そして日本放送協会と同盟通信社が作っていた海外向けの放送の四つの機関で訳された。結果的に鈴木貫太郎内閣は外務省訳を参考にしつつ、この宣言を無視する形になった。その大きな理由は、天皇の国体護持が明記されていないからだった。

しかし、八月六日に広島に、九日には長崎に原爆が投下される。さらに九日午前零時にソ連が開戦通告を伝えてきて、事態は変わっていく。

天皇の意思が国家意思へと変わる

このような事態のなかで昭和天皇の意識はどのように変わっていったのか。天皇の胸中に、軍部（特に本土決戦派）への怒りが高まっていったことがうかがえる。たとえば、昭和二十年八月六日の夜、天皇は侍従の岡部長章《おかべながあきら》に促されて、吹上《ふきあげ》御所の中にある十トン級の爆弾に耐えられる防空壕《ごう》に誘導されている。この年七月に補強されたこの防空壕は、特別の爆弾に耐えられるといわれていたのである。そして、この日初めて利用されることになった。

天皇はそのことに不信を抱いた。岡部からの直話になる。

「なぜ、この防空壕に入らなければならないのか」

このように岡部に問い質《ただ》したという。岡部は大本営から、「今晩は特別の防空壕にお連れするように」と言われていただけで、詳しい事情は知らない。その旨を伝えると、天皇は、このように強い口調で申しいれたというのだ。

「私は何も聞いていない。侍従武官長に明朝すぐに報告させるように」

天皇は、この日の朝に広島に落とされた原子爆弾について、大本営から何らの報告も受けていなかった。七日になって、広島にウランによる爆弾が投下されたことを知った節があった。その後に天皇は、外務大臣の東郷茂徳に伝えている。

「このような兵器が使われるようになっては、もうこれ以上、戦争を続けることはできない。なるべく速やかに戦争を終結するよう努力せよ」

これは、二・二六事件以来の、天皇による直接の意思表示だった。

それを受ける形で、鈴木内閣は八月九日に「最高戦争指導会議」、そして天皇臨席の「御前会議」を開いている。ポツダム宣言を黙殺した七月二十七日から最高戦争指導会議が開かれた八月九日の二週間、その間に起こった原爆投下やソ連の対日参戦が、黙殺から受諾やむなしという方向に向かったと推測される。

そして、それまで軍官僚をはじめとする官僚の意思が国家の意思になっていたのが、この時から天皇の意思が国家意思にと変わっていった。日本が敗戦を受け入れていく流れは、この変化の中にある。あえていえば、この国の主権者としての天皇の意思は、ソ連の参戦と原爆という事実を前にして、もはや戦争継続不可能で、これ以上戦争を続けると国家崩壊という未曾有《みぞう》の事態になるとの理解であった。それ故に、ポツダム宣言を受け入れるということを決めた。それが、最終的な天皇の意思であった。八月十日の御前会議、さらにまだ抵抗を続ける軍部に再度ポツダム宣言を受け入れさせるために開かれた八月十四日の御前会議でも、天皇の意思はまったくブレなかった。

一条件説対四条件説で紛糾

とはいえ、すんなりと終戦を受け入れたわけではない。八月十日から十五日の、さまざまな紆余《うよ》曲折を経て、ポツダム宣言受諾にと至った。

前述したが、ポツダム宣言には「国体護持」が書かれていない。つまり、敗戦後に天皇及び天皇制がどうなるか、示されていなかったのだ。そのことは最初の御前会議、つまり八月十日の御前会議でも論議された。この御前会議の前の最高戦争指導会議は、まずポツダム宣言受諾を主張する東郷外相と、断固拒否する阿南惟幾《あなみこれちか》陸相、梅津《うめづ》美治郎《よしじろう》参謀総長らが真っ向から対立した。平行線をたどったままのところへ、長崎への原爆投下が告げられている。

そして、引き続き午後十一時五十分より御前会議が開かれた。

この段階で論議されたのは、ポツダム宣言を受諾するための条件だった。東郷外相は、国体護持だけ死守する「一条件説」を主張した。東郷を支持したのは平沼騏《き》一郎《いちろう》枢密院議長と米内光政《みつまさ》海相。それに対し、阿南陸相、梅津参謀総長、豊田《とよだ》副武《そえむ》軍令部総長は、国体護持に付け加え、軍事占領をしない、戦争責任者の裁判を日本側に任せること、日本の軍事力を解体しないというものを加えた、いわゆる「四条件説」を唱えての受諾を要求した。これ自体は軍部の面子《メンツ》でもあった。だから武装解除はしたくない、軍事占領されたくない、戦犯裁判はしてほしくない。それをきちんと保証しろというのだが、敗戦を受け入れる条件としては見通しが甘い。なぜ軍事指導者は、この要求をだしたのか。実はこの点がもっとも重要なのだ。それは三人の軍人の頭の中には、なによりも第一次世界大戦の終結の方法があったからだ。

第一次世界大戦の時は日本は戦勝国だったから、ベルサイユ会議でドイツの敗戦処理にかかわっている。この時日本は、君主というのはその責任を問うことはできない存在、無答責だと主張する。しかし、同じ君主国のイギリスは、君主というものは存在している限りにおいて責任をとらなければならないが、その取り方はいろいろな形があるといい、結局イギリスの主張が通ってしまう。日本はイギリスに説得され、ドイツの君主は無答責であるという意見を引っ込めた。当時、梅津や阿南、豊田らは尉官クラスの若手の将校で、ドイツやオーストリアの敗戦の仕組みを勉強しており、天皇は無答責であるということを崩すべきではないと確認していたわけだ。

武装解除に関しても、あのとき一定の軍事力しか持てなくなったドイツが、どれほど弱体化していったか。武装解除をすると、それに伴い軍人の思想や精神、理念までもが自動的に瓦《が》解《かい》すると考えた。それを彼らは敗戦後のドイツの現実から学んだ。

さらに軍事駐留は、その国全体が戦勝国の隷属下に入り、完全に屈服した状態になる。それが屈辱的だというのだ。

天皇が東郷を支持した三つの理由

もともとポツダム宣言は、日本を徹底的に叩《たた》いて荒廃の極に追い込んで敗戦させるよりも、そうでない形での戦争の終結を想定していた。そのせいかポツダム宣言には、抽象的な表現が多かった。しかし、軍事指導者はそれが解せないし、許せない。何としても四条件を認めさせろというが、東郷外相は、それを認めさせるどころか、それを要求してもこれ以上の言質は取れないだろうと考えていた。だから、せめて天皇制護持だけでも確認するといったのだが、彼らは納得しない。

結局十日未明、進行役の鈴木首相をのぞく出席者六人が、一条件説と四条件説で三対三に分かれてしまった。そこで鈴木が「陛下にご裁断を仰ぎたく存じます」と奏上したところ、天皇は東郷を支持する発言を行った。国体護持の確認だけ求めればいいんだと、ポツダム宣言受諾が決定した。

実は天皇は、昭和二十年五月ごろまでは、敗戦になっても戦犯裁判はさることながら、断固武装解除反対、加えて軍事占領も反対と、軍事指導者の主張とほとんど同じことを考えていた節があった。

ところが、ある時に宗旨替えをする。その理由は何だったのか。私は、大きくいえば三点ほどの理由があると思う。

一つは、統帥権の総覧者としてこのまま本土決戦派の大本営と一体化していったら、天皇制は崩壊しかねない。軍部と共倒れにならないよう、まず皇位を護持するために、軍の武装解除、軍事占領を認めることで、軍と自らの間に一線を引いた。はっきりいえば軍を切り捨てた。そしてそれと同時に、軍事の側から政治の側に立った。

もう一つは沖縄戦が始まり、苛酷《かこく》な戦況になっている中で、これ以上戦争を進めることは不可能なことを実感したのであろう。現実に本土の一部がこのような状態になることは、東京周辺で戦闘が起こったらどのような展開になるか、容易に想像できた。

そして三つめは、個人的な怒りであろう。戦況が悪くなるにつれ、天皇に対して軍事指導者たちが上奏する内容が希薄になっていった。原爆のことでさえも伝わっておらず、軍がすべて伝えていないということを、天皇自身がわかってきたのだ。昭和二十年五月以降、とくに鈴木内閣誕生後からは、大本営と一体となって戦争を進めてきた天皇が、国体護持を優先するために軍事指導者を突き放したといえた。政治の側と一体化して国体を守っていこうとの方向に明らかに傾斜していったのだ。

鈴木首相はその三点をすべて知っていたから、最後の段階で、三対三になりました、どうぞ陛下、裁断を下してくださいと、判断を任せたわけである。

「従属」か「制限」か

御前会議の決定を受け、東郷茂徳外相はすぐにスイスを通じてアメリカ側に、国体護持の保証があるならポツダム宣言を受け入れるという意思を八月十日に伝えた。するとアメリカ側は、ホワイトハウスにトルーマン大統領以下陸軍、海軍、国務省の各大臣、大統領付の参謀長、戦時動員局長らが集まり、会議を開いた。

この席上、陸軍のスチムソン長官は、国体護持を認めてやろうと発言している。トルーマンもその意見に同意した。天皇は女王蜂のようなもので、それがなくなれば臣下の蜂はいっせいに大騒ぎするだろうという意見があったからだ。しかしアメリカ世論の七割は、天皇には戦争責任があるから処刑せよ、という強い意見が主流になっていた。

そこで、国体護持を明言するのではなく、日本側に独自に解釈させればいいではないかという意見が結論となり、それが日本側に十二日になって送られた「バーンズ回答」だった。「バーンズ」というのは国務長官の名で、その名をつけてこう呼ばれている。日本では、この回答を陸海軍省、外務省、同盟通信社と日本放送協会の海外通信部門が翻訳を行ったが、この和訳をめぐって、また紛糾を繰り返すことになった。

このバーンズ回答の中の第一項に次のようにある。

From the moment of surrender the authority of the Emperor and the Japanese Government to rule the state shall <u>be subject to</u> the Supreme Commander of the Allied powers……

この「be subject to」をどう訳すかが、大きな問題となった。
まず、外務省訳を見てみよう。

降伏の時より天皇及び日本国政府の国家統治の権限は降伏条項の実施の為其《そ》の必要と認むる措置を執る連合国最高司令官の制限の下に置かるるものとす。

「制限の下に」と穏便に訳している。
これに対し大本営陸軍部の訳は違う。

連合国最高司令官ニ従属サセルヘキモノトス

この「be subject to」は、もともとは隷属、従属させるという意味で、外務省はその強いニュアンスを和らげるために、あえて無理をして「制限の下に」と訳したのだが、大本営側は天皇も政府も奴隷のような立場に置かれてしまうと解釈したうえで、強硬に戦争継続を訴えてきた。

天皇の自信はどこから来たか

「彼ら自身に解釈させよ」

アメリカ側の言葉通り、ワンフレーズの解釈をめぐって、日本の上層部は大もめにもめた。天皇には、アメリカの奴隷になるんだという陸軍海軍の訳と、一定の権限はあるけれどもそれは制限下に置かれるという外務省の訳が示されている。

八月十二日の朝八時、参謀総長の梅津と軍令部総長の豊田がともに、天皇の前に進み出てバーンズ回答に対する反対の上奏をした。一方東郷外相は同日の午前十一時に、回答を受け入れるよう上奏する。

「速やかに受諾せよ、また首相にもその旨伝えよ」

結局天皇はこう答えた。つまりこの間、天皇の態度は一貫して変わらなかったのだ。

そして十四日の再度の御前会議で「これ以上戦争を継続することは無理と考える」と天皇が述べた瞬間、敗戦は確固となった。出席者全員がすすり泣きを始め、阿南陸相は泣きながら訴えた。

「これを認めれば日本は亡国となり、国体護持も不可能となります」

しかし天皇は、こう諭したといわれている。

「阿南、泣くな。朕には国体護持の自信がある」

　このことはドラマ仕立てにもなって、日本が終戦を受け入れたときのヤマ場として語られ続けてきた。私も、多くの著書のこのような場面にふれると、涙腺《るいせん》がゆるむような感をもつが、しかし歴史上ではこれはきわめて重要である。天皇のこの自信はどこから来ているのだろうかと考えたくなるのだ。幾つかの推測が成り立つ。

　一つは、実は天皇は軍部も政府も知らない密使を持っていて、外国と交渉してきた。そして、スイスやスウェーデンの外交官を通じて、国体護持を保証する情報が密《ひそ》かに伝わってきていた、という説である。

　これは具体的には誰が何を行ったか、明確な証拠は出てきていないのだが、まったくありえない話とは思えない。というのは、開戦から時間がたつにつれ、軍から情報がほとんど入らないにもかかわらず、意外に天皇は戦況を知っているのである。これは、アメリカ側との間で何らかの情報のルートがあったのではないかとの説を生んでいる。あるいは侍従が密命を帯びて、動いていた節もある。

　二つ目、根拠はないがとにかく戦争をやめなければいけないというので、天皇が腹芸を使ったのではないかという説だ。特別に確信があるわけではないが、阿南説得のために便法として用いたというのである。しかし私は、昭和天皇はそのような策を弄《ろう》するタイプではないと思うので、この説には疑問をもっている。

第一次世界大戦に学んでいた天皇

そして三つ目として、天皇は政治的な分析能力にすぐれていたので、このポツダム宣言をよく読んで、この内容ならば大丈夫だと自信をもったという説も考えられる。外交文書をよく読み、その意味を解するのに独自の嗅覚《きゅうかく》をもっていたともいわれているだけに、この説も侮りがたい。たとえばポツダム宣言には、このように書かれている。

六、吾等《われら》ハ無責任ナル軍国主義カ世界ヨリ驅逐セラルルニ至ル迄ハ平和、安全及正義ノ新秩序カ生シ得サルコトヲ主張……

軍事勢力を除去すると明記してあるが、天皇の存在は否定していない。国体護持は明記しているとはいえないが、天皇制を廃棄するとはいっていない。ポツダム宣言を眼光紙背に徹するまで読んで、国体護持は保証されていると確信した。そのような解釈を試みる人も多いのである。

それを裏付けるのが、実際にアメリカ軍が日本に進駐してきた時、天皇制をどうするかということは国務省も最終的には決めていなかったことだ。昭和二十年九月二十七日に天皇とマッカーサーが会見をして、天皇は敗戦に至る責任をマッカーサーに漏らし、そこで両者の間で信頼の回路がつながった。

そして天皇は、国体護持は百パーセント大丈夫だと確信するに至った。八月十四日の段階では、まだ自信はあるけれども確信はなかったが、九月二十七日までの一か月余の間の後に確信に変わっていったのだろう。その間天皇は、軍の統帥権をもつという立場から独立し、自立することによって初めて国体が護持されると結論づけたようだ。そのような政治感覚を身につけていたと、私には思われる。

昭和天皇は、第一次世界大戦が終わった時、まだ二十歳になる前くらいだった。その時のベルサイユ会議やパリ講和会議などには、日本側の代表として西園寺《さいおんじ》公望《きんもち》や牧野《まきの》伸顕《のぶあき》らが参加している。そこで見たものを西園寺や牧野は、まだ皇太子だった昭和天皇に、戦争の終結とは大変なことだと徹底的に教えたと思う。大正十年、外遊してイギリスへ行く。そこでジョージ五世から、われわれは政治的には君臨すれど統治せずという立憲君主制を崩してはならないと教わった。昭和天皇の中に、この若いときの知識がずっと生きていたのだろう。

いわば歴史の教訓をもとにして昭和天皇は独自の分析を行い、この国難のときをのりこえたと解釈すべきではないか。昭和二十年八月十日、十四日の御前会議を私たちは涙で語るのだが、天皇はそのような甘さとは別の心理状態で現実と向かい合っていたのではないかと思われるのだ。

太平洋戦争の敗戦を受けいれることを決めたのは、昭和天皇であることは間違いない。しかしそれを受けいれることは、「歴史的な戦い」の意味をもっていた。軍事主導体制のもつ胡乱《うろん》さに見切りをつけ、新しくこの国に登場してくる連合国という「巨大な敵」に、天皇はたった一人で戦いを始めようとしていたのではないか、と私は考える。新しい敵に「勝つ」ためには、「負ける」という現実を正確につかみ、そしてあらゆる権力から自立した立場を固めなければならない。

私はその意味で、昭和天皇の胸中にこそ、この国の浮沈がかかっていたと断じてよいように思う。天皇は敗戦というゼロの地点から、まったく新しい国づくりができることをすでに構想していたのではないか。

それゆえ昭和天皇の政治的能力は、近代天皇の中でも抜群の光を放っているといってもいいのではないかとつぶやくのである。君主制下の軍事主導体制は、つまりは「君主制」そのものを崩壊させる危険があることを、強く認識したのが〈昭和二十年八月十五日〉だったのだ。そしてポツダム宣言を受け入れ、天皇の政治能力を実際に確立するために貢献した人物、それはやはり鈴木貫太郎だったといっていいのである。

第七章　もし本土決戦が行われていたらどうなっていたのか？

シベリア抑留者たちの戦い

二〇〇九年十月のある一日、私は京都地方裁判所のある法廷の傍聴席に座った。この日は、シベリア抑留国家賠償訴訟の判決が言いわたされる日だった。

敗戦時にソ連に連れ去られた日本軍「捕虜」（正確にはこの語はふさわしくないが）約七十万人ほどの将兵、軍属などが、一年半から四年にわたって、強制労働を課せられた。すでに日本がポツダム宣言受諾のあとで、本来こうした行為は国際法に違反している。七十万人近くのうち六万五千人余の人々が、極寒の地シベリアで犠牲になっている。この抑留者たちは日本に戻ってからも、「アカ」と謗《そし》られ、生活の道を閉ざされる状況におかれた。なにより帰国時から、国は彼らにその補償や労《いたわ》りの言葉を述べないままに現在に至っている。

法的にわれわれの立場をはっきりしてほしい、具体的に労役提供の補償はどうなっているのか明確にしてほしい、とこれまで抑留者の間からは三回にわたって訴訟が起こっている。しかし、すべて原告側の敗訴である。被告の国側は法的に国に責任はないの一点張りで、それを裁判所も認めるという形であった。

はっきり言えば、門前払いであった。司法は逃げているというのが、これまでもこの種の裁判に関心をもってきた者の率直な感想であった。加えて国側は、原告たちが高齢になり、亡くなるのを待っているかのような対応でもある。

この日の京都地裁もわずか一分で、原告の訴訟は門前払いの意味が告げられ、その後四十代とおぼしき裁判長は、早口で判決文の趣旨を読み上げた。そして十分間ほどで法廷は終わった。その結論は、「原告らの損害賠償請求は理由がない」という点にあった。

弁護団や原告団は「判決に対する声明」をだしているが、このなかに盛られている一節は、歴史的に終戦時の状態についてもふれている。この認識は一般にもっとよく知られるべきだとも私は思っているので、まずはその部分を引用することにしたい。

1945年8月15日に日本国がポツダム宣言を受諾したことにより第二次世界大戦は、

終結した。ところが、日本政府はポツダム宣言受諾前後を通じて、国体護持のために満州地域などに所在している武装解除された日本軍兵士らをソ連に提供し、強制労働を容認する提案をソ連側に行っていた。そしてこのような日本政府の棄兵・棄民政策によって、原告らは理不尽にも、ソ連領に連行され、長期間にわたり、シベリアなどで極寒、飢餓、過酷な強制労働に苦しまざるを得なくなった。

このような日本政府の棄兵・棄民政策によって長期間にわたって抑留・強制労働等に従事させられた原告らの平均年齢は約85歳に達しており、その救済は一刻の猶予も許されない。原告らは、死ぬまでに日本政府の棄兵・棄民政策を断罪したいという強い思いで本件訴訟を行った。

本判決は、原告らの受けた被害事実を認めたものの、主要な法的論点についていずれも棄却した。

本判決は、長年にわたって抑留被害者を放置してきた日本政府の無為無策について、これを司法の責務としてただすことをしなかったという意味において、極めて不当な判決であって、原告団及び弁護団は到底受け入れることはできず、権利侵害を救済すべき司法の責務を放棄するものとして厳しく批判されなければならない。

こうした内容にふれると、太平洋戦争が終わってから六十四年、今なお戦争の責任が明確になっていないことに驚かされる。その理由には、戦争終結時の日本側のあまりにも曖昧《あいまい》な態度にあることに気づかされる。

「日本政府はポツダム宣言受諾前後を通じて、国体護持のために満州地域などに所在している武装解除された日本軍兵士らをソ連に提供し、強制労働を容認する提案をソ連側に行っていた」

まさに原告側が主張するような史実があった、あるいはその可能性があったと解釈できる状態にあったのだ。むろん国側はそのようなことを否定するが、しかし歴史的にみて、大本営参謀の作成した文書などに、そう解釈しても仕方のない表現が含まれているのも事実であった。

もし戦争が終わらなかったら

こうした例にみられるように、日本の敗戦前後には、今なお不透明でわかりづらい面がある。そこにメスを入れていかなければ、太平洋戦争の終結方法を理解することはできないのだ。その理解の一助として、私は、大本営が昭和二十年一月に入ってから密《ひそ》かに進めていた本土決戦の構想について分析を行わなければならないと考えている。この構想は、大本営の作戦部がこの年の「決戦」を想定して一方的に進めていた。
大本営内部でも、この「決戦」は関係する参謀以外には秘密にされていた。作戦部と密接な連携をとらなければならない情報部でさえ、本土決戦については十分に知らなかった。有能な情報分析のスペシャリストでもあった情報将校の堀栄三《ほりえいぞう》の著（『大本営参謀の情報戦記』）のなかにも、このように書かれているほどだ。

大本営では、すでに昭和二十年一月以来、本土決戦のための新設師団の動員、部隊の移動、訓練が行われていたが、詳細に関してはいつものことながら、情報部には知らされなかった。

ではいったい、本土決戦とはどういう作戦だったのか、その背景はどのようになっていたのかをさぐってみたい。
ありていにいえば、歴史は岐路の連続である。A、B二つの選択肢があって、たまたまAを選択したから現在の姿になったが、そのときBを選んでいたら、その後の歴史はかわっていただろうとよく言われる。いや、歴史には「たら」「れば」はない。歴史は常に必然だ、と言う人もいるかも知れないが、それでも我々の歴史上にあった過去の岐路をふり返り、それを分析することは歴史を学ぶ上で重要な意味をもつ。

太平洋戦争末期にも、大きな岐路がいくつもあった。昭和二十年八月九日から終戦までの間、その短い期間に最高戦争指導会議、御前会議、閣議などが何度も開かれ、そこで出された結論が現在を導いた。しかし、この会議がひっくり返っていたり、あるいは会議をひっくり返すようなクーデターが起こっていたらどうなっていただろうか。つまり、日本の軍事指導者が敗戦を受け入れるのを拒否し、徹底抗戦を主張したとしたら、その延長としての本土決戦が行われていただろう。

太平洋戦争が八月十五日で終戦とならなかったら、その後の日本はどうなっていたのかを確認することが必要である。

日本人の狂気に対抗する「ダウンフォール作戦」

実はアメリカは、日本が七月二十六日に発表したポツダム宣言を受け入れなかった場合を想定して、日本本土への上陸作戦を考えていた。

アメリカ軍は昭和二十（一九四五）年にはいって、硫黄島、沖縄戦、各都市への大空襲など、次々と日本を叩《たた》いていったのだが、その中で彼らが見たのは、狂気としか考えられない戦い方をする日本軍の姿だった。国民総自殺しかねないようなその姿に、このままではいくら叩いても彼らは戦争を続けるだろうと想定し、本土上陸作戦を考えざるを得なくなったのだ。

その骨格が、「ダウンフォール作戦」である。

ダウンフォール作戦は、昭和二十年五月二十八日にアメリカの統合参謀本部で正式な作戦として指令が出された。

非戦闘員まで巻き込んで、沖縄全土を戦場とするような戦いを続けている日本を見て、これを徹底的に敗北に追いこむにはどうするか、ということで作戦計画が練られた。

「太平洋に所在する米陸軍および海軍が日本に対して無条件降伏を強要するため、日本列島侵攻作戦を行うものである」

これが、基本計画である。つまり、日本列島に上陸作戦を徹底的に行うこととして、その方針のもとに二つの作戦計画が練られていった。

一つは南九州に上陸する「オリンピック作戦」である。

宮崎、鹿児島の吹上浜《ふきあげはま》と志布志《しぶし》湾の三か所から南九州に上陸して、南九州一帯を制圧するのである。この地にアメリカ軍の軍政を敷いた行政府を作り、さらにここを拠点に大阪あるいは東京へと攻めあがっていく。そうして日本を少しずつ切り崩していこうという作戦だった。

そしてオリンピック作戦の実行予定日は、十一月一日とされた。この作戦では、およそ七千五百平方キロの九州南部に大規模な飛行場を建設して、これに続くコロネット作戦の支援に当てる。
アメリカの軍事学者が書いた『日本殲滅《せんめつ》』という本の中には、こうある。

九州で予定された建設作業は実に膨大なものであった。九州に飛行場設置の必要性を初めて説明したとき、マッカーサーはケイシーに向かって、航空群は三一になるだろう、と語った。（トーマス・アレン、ノーマン・ポーマー、栗山洋児訳『日本殲滅』光人社）

徹底的に日本全土を叩くため、南九州にアメリカ軍の壮大な軍事基地を作ることを考えていたわけだ。また、知覧とか万世《ばんせい》などの特攻基地も、すべてそのまま使うことも計画していた。

システムで攻めてくるアメリカ

アメリカは、戦争はシステムだと考えている。敵地に上陸する場合、彼らはまず上陸一週間前に、空から爆弾を何トンも落とす。上陸地点を全部平地にして、視界を広げたうえで日本軍が陣地を構築できないようにする。それから一週間ほど後、艦船群団を送り込んできて、それぞれの役割のもとに上陸作戦が敢行される。何よりも効率第一で、その目的を果たそうとする。

アメリカ側は、オリンピック作戦だけでは日本軍の抵抗は収まらないだろうと予想して、もう一つ別の「コロネット作戦」も計画していた。これは昭和二十一年三月一日に作戦開始の予定で相模湾《さがみ》から上陸し、補助的に千葉の九十九里《くじゅうくり》浜からも上陸をするという作戦だった。コロネット作戦の進め方はオリンピック作戦と似ていたが、その目的は東京を制圧して全面的な敗戦に追いこむための最終作戦でもあった。

十一月一日のオリンピック作戦と、翌年の三月一日のコロネット作戦。この半年近くの時間は、戦闘と占領のシステムを作って調整していく時間なのだ。このコロネット作戦のために、米軍はヨーロッパで戦ったアメリカの精鋭部隊を送りこむ予定だった。

ドイツ降伏後、七月くらいまでアメリカに戻って休ませている精鋭部隊である。士気も高いし、戦闘能力も並み外れている部隊で、もしそういう部隊が日本本土に上陸してきたら、日本はひとたまりもない状態になっただろう。

さらにアメリカは、陽動作戦まで考えていた。

たとえば、上陸作戦の一か月前から偽情報を流したり、意図的に四国の沖合に爆弾を落として、四国への上陸を狙っているかのように見せる。また、アメリカ兵の遺留品が載っているボートを流して、日本各地を混乱させようとした。実際に日本兵の捕虜をラジオ番組の中で氏名を名乗らせて、一刻も早く降伏するようにと放送したりもしている。

非戦闘員が盾となり精鋭部隊に立ち向かう

これに対し、日本の本土決戦構想はどうだったのか。

結論を先に言うと、その内容はあまりにもずさんでひどい、軍事作戦と評することもできない作戦だった。

昭和二十年六月に「国民義勇隊」が結成された。男子であれば十五歳から六十歳、女子であれば十七歳から四十歳までの人間を、国民義勇隊の名の下に編制し、そして作戦計画の一端に組みこみ、軍事的な要員に数えることになった。アメリカ軍を迎え撃つ作戦を「決号作戦」といったが、その作戦の内容はというと、アメリカの戦車に爆弾を背負ってぶつかっていく。十五歳以上の少年たち、つまり非戦闘員が身を挺《てい》して戦車に飛び込むのだ。

あるいはその前に、上陸しようと沖合から接近してくるアメリカ軍の艦船に対して、「回天」や「震洋《しんよう》」といった人間魚雷で特攻隊員がぶつかっていく。それでも上陸してきたアメリカ軍の海兵隊員には、国民義勇隊がぶつかって肉弾特攻を行い、自らの命と引き替えにアメリカ軍の戦車を破壊するというのだ。

片やアメリカ軍は、最前線で戦ってきて休養十分な精鋭部隊、一方日本軍は、栄養補給もままならない素人部隊の玉砕作戦。その結果がどうなるか、火を見るよりも明らかだろう。

この計画は大本営の中でも目まぐるしく変わり、結局はこのような玉砕型の戦法に落ち着いた。その詳細は国民には伏せられ、たとえば千葉の九十九里浜周辺の住民は、いかなることがあってもここからは離れるなとされていた。実際に上陸地点の住民を移す場もなく、それに食糧も補給できないので、疎開などさせられなかったのだ。せいぜい防空壕《ごう》に入って、身を固くしている以外になかったのである。つまり、大本営のいう本土決戦というのは、非戦闘員が盾になるという側面をもっていた。

甘い考えの上に成り立つ本土決戦

こうして本土決戦の内実を調べれば調べるほど、日本軍はここまで疲弊していたのかと情けない気持ちになってくる。

たとえば、こうした決号作戦が考えられたのは四月に発足した鈴木貫太郎内閣の時だったが、その直前までの杉山参謀総長は、「皇民は本当の軍隊が戦うまでに捨て石になることを喜んでいるはずだ」ということを参謀たちに伝えていた。どういうことかというと、皇民

（国民）は後方に控えている正規の軍隊が戦うまで、自らの身で皇土を一ミリでも守ることに誇りをもっているはずだと豪語していたのである。ここにはすでに冷静な発想はない。異常を異常と思わない感覚が、軍事の最高責任者にもあったということだ。

また、最後の軍令部次長の大西瀧治郎は、日本人が一億総特攻になって、日本の国土が血の海になると、アメリカが講和を申し込んでくるはずだから、それまで戦うのだと、これもまたあまりにアメリカ頼みの虫のいい言葉を残している。この発言も確かに常軌を逸している。

日本中が血の海になろうが、日本人が全部いなくなろうが、それでもアメリカ軍は戦うだろうし、それでアメリカ兵に多大の犠牲が出たら、世論の後押しによって原爆の投下、さらには毒ガスなどを大量に撒《ま》くことで死者が出る兵器の使用に踏み出すだろう。実際に、アメリカの軍事指導者たちはそこまで考えていた。狂気には狂気で対抗するということかもしれない。

もちろん、なぜそんなことをやるのかという問いかけは、日本の国内でも当然ながら当時もあった。しかし、前述した杉山参謀総長の声にあるように、国民が皇土を守るために喜んで死ぬはずだという、国民への倒錯した見方が、この戦争末期には当たり前になっていた。杉山の考えは、軍事指導層の思いこみでもあった。あるいは大西瀧治郎の、この国が血だらけになればアメリカはヒューマニズムの国だから、もうやめようと言うだろうという、甘さの上に成り立っていた。その究極が本土決戦だったのである。

私は、本土決戦の内実を調べて著作も著しているが、この作戦の実態を知ったときに、軍事しかわからない軍事指導者に政治的実権をわたしたらどのようになるか、それがあまりにもはっきりとあらわれていると思い、愕然《がくぜん》としてしまった。軍事の分析者には、今なお本土決戦は勝機を摑《つか》んで和平に持ち込むための捨て身の作戦であり、やってみなければわからない、などと説く論者がいる。しかし、実際に行ったら日本はどうなっただろうか。

オリンピック作戦が開始される前に、極東ソ連軍は南下して北海道に侵入してきているだろう。ソ連のスターリンは、極東ソ連軍に北海道進出の準備を命じていたが、これも「八月十五日」があったからこそ中止にしていた。日本が降伏しなかったとすれば、九月中には北海道に入ってきただろう。北部軍隷下の部隊も抵抗するだろうが、すでにその戦闘力は極端に落ちている。北海道占領など実に簡単だったはずだ。

そして余勢を駆って、東北地方にまで兵を進めただろう。その頃が昭和二十年十一月一日である。そうなると、北海道と東北の一部には社会主義政権が誕生し、日本はまったく独自の政治空間に変わっていたはずだった。一方でアメリカは、南九州から九州全域、そして相模湾から入って東京全域を押さえる。さらに東北にも兵を進めることになる。

槍や鎌で米兵と戦う

もし日本が本土決戦を選択したなら、このように地獄絵図が至るところで描かれたに違いない。私たちは想像しなければならないのだが、あの戦争を自分の身に照らし合わせて考えてみたらどうだろう。もし私たちが、あの当時、相模湾とか九十九里浜近辺に住んでいた中学生だったら、穴に隠れていて、戦車がきたら飛び出していってぶつかるという訓練をやらされたはずだ。実際に昭和二十年になると、小学校の校門の前にルーズベルト、トルーマン、チャーチルの藁《わら》人形が置かれていて、傍らには銃剣がおいてある。登校した子供たちは、その銃剣で藁人形を「エイヤー」と突く。それが美談として新聞に掲載されているのだ。

こんなことが美談になるということは、小学生に自分たちも本土決戦の戦闘要員であると教育していたわけだ。

また女性には、鎌でアメリカ兵に戦いを挑めと言い、何もなければ、急所を蹴《け》れと教えていた。前述のように、ヨーロッパの過酷な戦場で戦ってきた精鋭部隊に対して、そんなことが通用すると思っていたのだろうか。だが、終戦間際の五月、六月に軍が撒くチラシには、そんなあきれることが数多く書いてあった。

鈴木貫太郎内閣の書記官長だった迫水久常の『機関銃下の首相官邸』という書の中に、陸軍省の軍事課の幕僚から本土決戦用の武器が展示してあるので見に来てほしいと言われたくだりがある。首相の鈴木貫太郎と迫水は実際に見学に行ったのだが、そこにあったのは鉄棒、鎌、魚を捕る槍《やり》などであった。迫水は、軍は本当にこんなもので戦争をしようと思っているんだろうかとあきれ、鈴木は黙してしまったと書いてある。

だが一番の問題は、軍部が本土決戦構想に慣れてしまって、常識的に見たらおかしいという判断さえできなくなっていたことだ。それを私は、すでに日本は「狂気の段階」にあったと評するのである。彼らは真面目に、槍や鎌でアメリカの精鋭部隊と戦おうとしていたのである。

ポツダム宣言反対派のクーデター計画

このように、どのように見ても悲惨な結果しか起きないはずの本土決戦だが、誰がこんな亡国的な作戦を進めようとしていたのか。いや、このようなことは実際にありえたのだろうか。日本の軍事指導者の実像を確かめていくと、私はありえたと考えている。ひとたびバランスを失ったら、それを元に戻すのは大変なことなのだ。

昭和二十年八月九日の深夜から十日の未明にかけて、ポツダム宣言の受諾を決めたのだが、それでもあくまで反対する軍人が本土決戦派であり、彼らはそのためにクーデターまで辞さないとして、その計画を練っていた。そのクーデター計画とは、まず天皇を幽閉したうえで、ポツダム宣言受諾をする陸海軍の首脳陣を幽閉ないし殺害し、和平派を政策中枢から一掃してしまう。そして新しい内閣を作り、国民に本土決戦を命じるというプロセスをたどったはずだった。これは単なる想像ではなく、天皇を最終的に幽閉、ないしは軟禁して自らの意思を体現しようと考えていた節がある。それでも天皇がポツダム宣言を受諾するというのであれば、日光に疎開している皇太子を前面に立てるという不穏な動きも考えられていた節もあった。もとより、このようなことは今は明らかになっていないが、そうした計画は相応に緻《ち》密《みつ》に練られていたというのである。

これは単なる妄想ではなく、クーデター派は天皇を幽閉するときの場所として、長野県の松代《まつしろ》に作っていた大本営も想定していた。なぜ松代に大本営を作ったのか。その理由はいくつもあるが、たとえば次のような見方がされている。

①戦略的に東京から離れていて、本州のもっとも幅の広い地帯にあり、近くに飛行場がある。
②地質的に硬い岩盤で抗弾力に富み、地下壕の掘削に適する。
③山にかこまれた盆地にあり、工事に適する広い平地がある。

④長野県は比較的労働力が豊富である。
⑤信州は人情が純朴で、天皇を移動されるにふさわしい風格、品位があり、信州は「神州」に通じる。防諜《ぼうちょう》上からも適している。
（松代大本営の保存をすすめる会編『フィールドワーク松代大本営─学び・調べ・考えよう』）

これは一説ではというべきだが、日本は天皇を中心とする神の国であるから、信州は「神州」に通じているとか、松代の皆神山《みなかみやま》の名が気に入ったからとも言われている。ここへ天皇を連れてきて、本土決戦を指揮する案だったというのだ。むろん天皇は、この松代大本営についてては詳しく知らされていなかった。天皇はどんなことがあっても東京から離れない、動かないという決意を固めていたし、もし本土決戦のクーデターを起こしても頑強に抵抗したであろう。それゆえに、この地に軟禁することになったと思われるのだ。

また、陸軍指導者の梅津参謀総長や阿南陸相は、本土決戦賛成だった。ただ、彼らは軍事指導者だったから、御前会議で決まったことは守る。クーデター派にとっては、それは邪魔である。だから梅津も阿南も殺害されるか、幽閉されることになっただろう。それを察知していたから、阿南は腹を切って自決したとの説もあるほどだ。お前らがやるんだったら、自分の屍《しかばね》を越えていけと諭したことになる。それほど危機の状態を自覚していた。

実は八月十五日にクーデターを起こそうとしたグループが二つあるように思う。

一つは陸軍省の中堅、中枢にいる軍事課の幕僚を中心にしたグループで、彼らは直接に部下という手勢をもっていないかわりに、表面上は全軍のなかに命令を示達できる立場にいる。彼らの一部は、八月十五日未明の録音盤奪取事件に加わっている。そしてもう一つのグループは、近衛《このえ》師団の一少佐が偽の命令書を書いて、近衛師団を動かそうとした事件である。むろんこれも失敗するが、これには東部軍の兵士を動かそうとした節もあり、やがて近衛師団のグループと最終段階で一つの形を作りだそうとしたように思われる。もちろん成功には至っていない。結局は阿南や梅津の参加が得られなかったからだが、陸軍はかろうじて最後の段階でバランスを保ち、本土決戦に傾斜しなかったといえる。

本土決戦により日本が違う国になる

最後に確認しておきたいことは、本土決戦をより現実のものとして論じなければならない、重要な意味があることだ。それは、単に国民の中から大量の犠牲者が出るということだけでなく、本土決戦後の日本はまったく新しい国に変わってしまう可能性があったことである。

アメリカのダウンフォール作戦では、南九州を皮切りに相模湾や九十九里浜に侵攻していくわけだが、本土決戦で本当に怖いのは、前述したようにソ連が入ってくる北海道である。

史実としては、ソ連が八月九日に戦争を開始し、十五日に終戦をむかえた時には、まだ樺《から》太《ふと》と千《ち》島《しま》列島までしか来ていなかった。もしこれが昭和二十一年三月一日まで戦争を続けたなら、日本は前述のように東北地方まで押さえられるだろう。特に極東ソ連軍の前進部隊には囚人部隊があり、そこでどのような悲惨な光景が描かれたかは容易に想像できるのだ。乱暴狼藉《ろうぜき》がくり返されただろう。とくに極東ソ連軍の政治将校は、日露戦争で日本は我々の国を不当に奪ったのだから、お前たちは何をやってもいい、と兵士たちに教育を行ったという証言も残っている。

だから、彼らが満州に入ってきたときは、略奪、強姦《ごうかん》などあらゆることをやった。八月十七日にスターリンは、極東ソ連軍に二十日、二十一日頃に北海道に入る攻撃準備をしろと命令を出していた。それが二十二日になって突然中止命令が出たのだった。それにはトルーマンとスターリンの秘密交渉があったのである。この外交交渉で、トルーマンはソ連が日本領土に手をつけることを認めなかったというのだ。

こうした事実を見ていくと、ソ連は北海道を奪えなかった見返りに、満州国での関東軍の日本兵捕虜をシベリアに抑留し、シベリア開発のための労働力に利用したと見ることができる。さらに、日本人捕虜は本土決戦を進めようとした日本の軍事指導者たちに、体よく利用されたとの見方もできる。国は今なお本土決戦構想そのものを曖昧にしたまま、史実の表面だけをしきりに糊塗《こと》している。それが正直な姿であろう。

シベリア抑留者たち一人一人のその存在が、国土が分断されようとした日本を救ったという見方がもっと強調されていいように思われる。

おわりに

太平洋戦争に従事した兵士も、今では少数派になった。戦場体験をもっている兵士の苛酷《かこく》な証言を聞くたびに、戦争とはこういう現実を生みだすのか、と私は考えざるを得なかった。しかしそのような証言ができる者も、まったく少なくなったのだ。

戦場を知らない人が戦争を語る言は、どこか観念的であり、道徳的である。しかし、戦場体験者の話には抽象性がない。あまりにも具体的でありすぎて、ときに聞く側が耳をふさぎたくなることもある。私はなんどかそのような話を聞いて、戦場に身を置いた兵士個々人がどのような心境になるかを具体的に知ることにもなった。

アメリカ軍の内実を調べていて驚かされるのは、戦場に立つ人間の心理は平時の生活とはまったく異なるだけに、独自の救済措置をもっていなければならないと配慮されていることだ。アメリカ軍などでは、一定の規模をもつ部隊には必ず牧師や心理カウンセラーが配置されている。彼らが、戦争の正当性を訴えて他国の兵士の殺傷もやむを得ないと説くのである。

祖国のために身を投げ出すことが正しいという説教の内容は、兵士たちの士気をさしあたり鼓舞することになる。

かつてのソ連や中国などの社会主義国の軍隊も、一定の規模をもつ部隊には必ず政治将校がつくことになっていたという。これらの政治将校とは、むろん共産党から送られるのだが、もとより党の方針を兵士に徹底させる点に狙いがあった。

「君たちはなぜ戦うのか。全世界のプロレタリアートのために、憎き資本主義階級を倒し、かわって労働者階級による社会主義体制を確立するために、われわれは戦う。君たちの名はプロレタリア階級の英雄として残るだろう」

このように説くのである。

牧師と政治将校には、つまりアメリカとソ連のこのシステムには、奇妙な共通点がある。表面上は異なっているにせよ、兵士個々人は戦場にあっては恐怖と戦い、そしていつ死んでもよいように覚悟しなければならなかった。兵士個々人の孤独を救う、というのがこの二つの機能の役割である。

反して日本軍ではどうだったか。まず、そのような宗教的支えも政治的な配慮もなされない。一般的には、上官がそのような役割を果たすことになっていた。つまり、人生経験がほんのわずかだけ長いという理由だけで、上官がその相談に乗るのである。システムとしては、アメリカ軍の「兵士を癒《いや》す」考えも、その発想も、ましてや人間として認めるシステムなどなかったといってもよいであろう。

戦闘でたまたまその部隊から死傷者がでたとすれば、連隊長などが「誰かお経の詠める者はいるか」と探し、「私はお寺の二男です。お経は少し詠めます」と申し出があると、喜んで「ではお経をあげてほしい」という具合だったという。その程度のことだから、僧侶《そうりょ》やボランティアのセラピストなどを送り込むことは考えていなかった。すべては間に合わせといってもよかった。

こうした現実を見ると、「日本軍の中には宗教がない。それに党から送られてくるような責任者ともいうべき政治将校もいない」と結論づけられる。したがって、兵士たちはほとんど自らで〝宗教〟にもとづいての人生観を作らなければならない。その〝宗教〟が実は天皇への崇拝であり、天皇の軍隊としての誇りなんだと聞かされることになった。「軍人勅諭」などはそれを確認しているのであり、昭和十六年一月に東條陸相によって軍内に示達された「戦陣訓」などもそうであった。

その「戦陣訓」が、牧師であり、政治将校の役を果たしたと考えてもよいのであろう。

日本軍の兵士は、つまり感情を情念でおおいつくし、実証的、客観的、人間的に考える習慣をもってはならないとされた。そこにいびつな兵士たちができあがったのは仕方のないことだった。太平洋戦争の全期間をとおして、そのような日本軍の兵士たちを確認することは容易にできる。

　太平洋戦争の日本軍にはこのほかにも特徴的なことがあるが、第一部ではさしあたりその特徴を七点指摘した。これまでほとんど省みることのなかった、いや見落とされてきた指摘でもあった。とりあげている七つの特徴を改めて整理しておくが、それは一言でいえば各章に次のように盛りこまれている。

第一章　戦争は官僚が決めた
第二章　日本人は戦争を知らない
第三章　戦時指導者と兵士の関係
第四章　肉体を武器とする戦術
第五章　軍事指導者たちの敗戦の理由
第六章　終戦は天皇が決めた
第七章　本土決戦構想の亡国の論理

　この一言の中に含まれている矛盾や視点は、実は歴史のなかでさらに検証されなければならないことだったのである。

このような視点を語っていくために、なぜ日本には牧師や政治将校のような役割を果たす者がいなかったのか、その結果どのように戦場体験は伝わったのか、なぜあのような戦争が三年九か月も続いたかを克明に見ていくことが必要である。日本の文化や伝統がその三年九か月のなかに反映しているのか、あるいは反映していないのか、といった視点もまた必要である。

改めて記しておくが、戦場体験と戦争体験はまったく異なっている。戦争体験とは、あの戦争の時代に生まれていたことであり、その意味するところはあまりにも広い。例えば、私はあの戦争が始まったときは一歳と九か月、終わったときは五歳と八か月であった。戦争体験をもっている世代といっていいが、もとより体験を語るというだけの記憶はもっていない。

戦争体験の幅の広さに比べると、戦場体験は実際に兵士として戦場に立ち、相手側と命の奪いあいをした体験をもつ人たちの証言を指している。牧師や政治将校がついていれば、兵士たちは理由はどうあれ自らの戦いに相応の価値を見出《みいだ》し、死はその価値と等価の関係において納得することになる。ところが、このような役割をもつ者がいないとなると、戦場体験の悲惨さ、過酷さを癒す術《すべ》がないために、兵士個々人が戦場でも戦後社会でもきわめて苦しむことになる。

私自身、このような兵士たちの苦悩の姿は、数多く見てきた。なかには戦場体験から逃れるために、アルコール依存症になっている元兵士も決して少なくなかった。

私は戦場体験をもつ元兵士たちに話を聞いてきて、そこにある法則を見出した。この法則は私なりに〈戦場体験を聞く三つの法則〉と名づけているのだが、ここではその一つを紹介しておきたい。元兵士たちは戦後社会の中で、相手側と命の奪いあいをした苦しみを決して声高に話さない、むしろ黙したまま死んでいくことの方が多いのが現実である。一人の元兵士を中心点に据えて考えると、彼はその体験を証言するときに、次のような枠組みのなかに身を置いているのではないかと思う（一七三頁図参照）。

この図でわかる通り、一人の元兵士はその体験を正直にありのままに語るのは「戦友」だけであり、そのために戦友会は存在しているのである。昭和四十年代、五十年代には六千余の戦友会があったが、それは戦場体験を密《ひそ》かに語り合うためだった。生死の境目に身を置いた兵士は、どのようにして相手側を殺さなければならなかったか、仲間をなぜ見殺しにしなければならなかったか、さらに戦場での苛酷な光景などを他の人や団体には決して語らないかわりに、戦友会で語り合うのだ。戦友と会うことによって辛《つら》かった時を語り合い、実はお互いに癒しあっているのである。私はこれまでのべにして四千人近くの人に会ったが、それはこうした癒しの場での戦場体験を聞かされたとの意味も含んでいる。

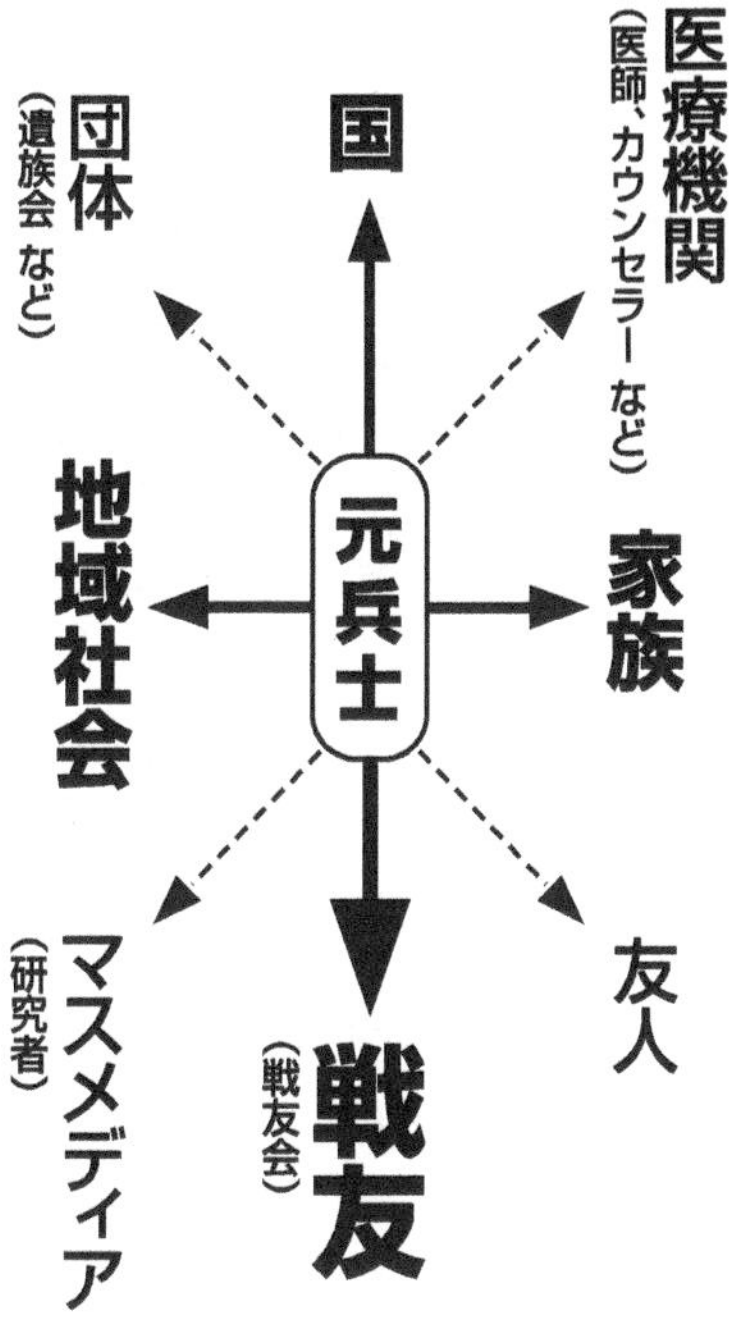

【図】一人の兵士は、戦場体験の真実を誰に語るのか

①「国」というのは、シベリア抑留裁判に見られるようにその体験を国に語る場合を指す。
②「医療機関」では、疾病治療のためにその戦場体験を語らなければならないことがある。
③「団体」とは、軍人恩給関係の団体や遺族会などを指す。
④「地域社会」では、しばしば戦場体験者として講演が求められている者も多い。
⑤ほとんどの者は「家族」には自らの体験は語らない。
⑥「マスメディア」や「研究者」には、相手を見て話すことが多い。

戦場体験を訥々《とつとつ》と語る元兵士の証言に耳を傾けながら、日本社会は戦場の残酷さを含めて、戦争の真実の姿を知らないという思いをもつ。軍官僚たちは、そのような元兵士たちの生涯の苦しみを理解することはできないという、当たり前のことがわかるのだ。だから軍官僚は平然と戦争を行うことができるのである。

図の中の私の位置は、マスメディアなど、この社会の情報部門にあたる。一人の元兵士が戦場体験を語るということは、その兵士によって無数の戦死者の思いが代弁されているということでもある。戦場体験を語るのに用いる語彙《ごい》は、まさに「言霊」との感を受けるときもある。

私が指摘した七つの特徴とは、このような「言霊」によって確認できたともいえる。三年九か月の太平洋戦争で戦死した元兵士たちの思いを歴史上に整理すべき時にきているというのは、「言霊」を次代に伝えようという意味にもなる。

このような現実や光景を理解しながら、改めて三年九か月の太平洋戦争を具体的に見ていただきたい。そうすると、これまでとは異なった史実や、その史実をもとにした風景が見えてくるだろう。その風景こそ、歴史のなかに語り継がれていく太平洋戦争そのものの姿だと確認してほしいと思う。そのときに、私たちは初めて〈太平洋戦争の敗戦は何を意味したか〉がわかってくるのである。

あとがき

講演の折によく次のような質問を受けることがある。

「日本はなぜあんな愚かな戦争を行ったのでしょうね。何が欠けていたんですか」

むろん答えは一つではないし、すぐに答えられる質問でもない。だが、改めてあの戦争を検証してみるのは大切なことだ。それは、誰が、いつ、なぜ戦争を始めるという国策を決めたのかとふり返ってみてもいいし、逆に戦争終結のときからふり返って、誰が、いつ、なぜ止めようと思ったのかを考えてみてもいい。あるいは日本人は、本当は戦争の意味を具体的に知らなかったのではないかと考えて、その内実を確かめてみてもいい。

意外なことに、具体的になぜ戦争を始めたのかを問うていけば、案外脈絡もなしに何となく流されるように国策が決まっていったのではないかと思うのである。

私は、この国策決定時に関わりをもった軍人や官僚にも戦後に会って、何度か話を聞いている。たとえば開戦時の企画院総裁だった鈴木貞一氏などは、こう述懐していた。

「あのとき日本は石油がなくなる、それでは国の存立が危うくなるというので戦争を選択したんだ」

この言は、当時の国策を決定した官僚たちには共通の認識だったことがわかるが、では石油がなぜアメリカから日本に入ってこなくなるのか、南部仏印進駐に見られるようにその政策の誤りが「石油不足」につながったのではないか、との発想が欠けていることもわかってくる。

当時の日本の政策決定プロセスに何かが欠けていたのではないか。この視点は今なお検証され続けなければならない。もとより、戦争とは一国の思惑や打算だけで始まるわけではないが、相手側を冷静に分析する、あるいは事実を客体化して見つめるという姿勢は必要であろう。そのような視点は、当時の東條英機内閣にはなかったことは指摘できる。そしてそういう内閣をこの期にもったことの、近代日本の悲劇に思いを馳《は》せなければいけないとも実感する。

あの戦争は、近代日本にとって宿痾《しゅくあ》ともいうべき当然の結果だったのか、それとも変調をきたしていたがゆえの近代日本の異常事だったのか、そのような検証は実は次代の私たちにこそ求められている。

本書は、名古屋の中日文化センター、札幌の道新文化センターなどでの講演で話した内容を、よりわかりやすく、しかもポイントを絞って編んでいる。むろん、講演時に話した内容にそれぞれ違いはあるにしても、太平洋戦争を見つめるときの忘れられた視点、今こそ知っておかなければならない見方などのポイントは共通している。それを七つに絞ってまとめている。

このような書にまとめるために、角川書店の古里学《ふるさとまなぶ》氏はそれぞれの講演に出席し、実際に私の話を聞いて要点を絞り込んで構成を考えてくれた。その労に感謝し、そしてともかくこうして一冊の書として読者の方々に手にとっていただけることに改めてお礼を言いたい。この書から、少しでも太平洋戦争を見つめる視点を汲《く》みとっていただければ、著者としては喜びも大きい。

二〇〇九(平成二十一)年十一月

保阪　正康

第二部　日本を変えた昭和史七大事件

はじめに

激動の時代を彩る七大事件とは

昭和という時代は人類史の縮図のような時代である。つまり西洋史、東洋史、あるいは日本史を問わず、人類の歴史で起こったことをすべて抱え込んでいるという意味である。

このことはこれまでにもしばしば語ってきたのだが、戦争もあれば敗戦、局部的な勝利、そして占領もあった。逆に日本が一方的に他国を占領することもあった。テロやクーデター、それに革命騒動もあったし、政治的な事象のほとんどを体験した時代でもあった。とくに太平洋戦争を頂点として、それに伴う事変や紛争も起こった。敗戦によって戦争裁判やその判決に基づいての絞首刑などもあった。そのような出来事は、昭和以前にはまったく体験されていなかった。

とくに昭和に起こった各種の事件のなかには、他国とのからみで起こり、そのまま日本が直接に国際社会と関わりをもつことも少なくなかった。私たちの視点は単に日本国内にとどまるのではなく、国際社会にもその視野を広めなければならなくなった。

第二部では、昭和の六十二年間と二週間の中から七つの事件や事象を選び、改めてその史実のもつ意味を考えてみることにした。この七つの事件や事象とは、「五・一五事件」「二・二六事件」「太平洋戦争」「敗戦と占領」「六〇年安保」、そして「三島《みしま》事件」と「ロッキード事件」を指す。五・一五事件や二・二六事件そのものは確かに事件や事象といってもいいにせよ、太平洋戦争や敗戦・占領などはそうした見方ができるのか、という疑問もあろう。だが、太平洋戦争にしても敗戦にしても、この時代に生きた人々にとっては事件や事象であり、それぞれの人々の人生模様がそこには凝縮し、反映している。それを見つめようとの意図を含んでいる。

とはいうものの、昭和の七大事件といってもそれぞれの論者によって捉《とら》え方が異なっているはずだ。私はこの七つの事件や事象を通して「昭和史」が理解できると考えているので、その視点で選んだということになるが、各自それぞれの見方でふれてもらえれば、歴史を見つめる目が深くなると思う。一つの視点を提示するので、そこから何かを汲《く》みとってもらえればという思いで編んだともいえる。

ただ、満州事変や盧溝橋《ろこうきょう》事件は欠かせないとの主張、国際連盟の脱退や日独伊三国同盟の締結の方が重大ではないか、六〇年安保が入ってなぜ七〇年安保は入らないのか、三島事件より川端康成《かわばたやすなり》のノーベル文学賞受賞に歴史的な意義があるのでは、との論もあるだろう。だが、ここに取り上げた「七大事件」がいかに重要かは、本文を読んで納得してもらいたいとも思うのだ。

歴史を見つめる三つの視点

この「七大事件」を詳述し、論じるにあたって、重要な視点がある。それは何かということだが、さしあたり私は次のように考えている。この三点が重要だと思う。

①どのような事件・事象にも必ず「因」と「果」がある。
②その事件・事象に対し、当事者の主観的な意思と歴史上の見方が対峙《たいじ》される。
③一つの事件・事象を見るとき、その精神と行動からの分析が必要である。

具体的に語るなら、①についていえば、ひとつの形が生まれるには必ず原因があり、それが結果を引き起こすと考えるべきなのである。その「果」がときには歴史上の事実となっている。因果関係を見つめることによって、私たちは史実がどのような理由で、どのようにして定着していったかも見ていくことができる。

のである。

「因」だけを重視したり、「果」だけを見つめることは誤りだ、という約束事をもつべきな

次いで②についてふれるなら、主観と客観に関してだが、何らかの事件を起こす当事者には主観的な意思というものがある。それに対して、われわれは客観的に分析する手法を用いてその行動を分析する。行動を起こす側の主観的意思や事件を起こすだけの理由について、客観的に探っていかなければならない。

ある事件を歴史のなかで位置づけたときに、どのような位置づけになるのか、客観的に分析するとどういうことなのかと考える。これは、事件や事象を見るときに必要な視点である。この視点をもたないと、史実は歴史的な意味を失い、政治運動や政治活動そのもののツール（道具）になってしまうからだ。そこからは歴史を見つめる真摯《しんし》な姿勢は浮かんでこない。

何が彼らに一線を越えさせたのか

③の「精神と行動」に関しては、幾つかの説明が必要になる。

誰もがそれぞれ思想なり信念なり、自分なりの考え方や理念をもっているものだが、だからといってその思想にもとづいてすぐに行動を起こすわけではない。

たとえば、共産主義者が革命のために人民の敵を抹殺しなければならないとか、極右の民

族主義者が天皇制国家樹立のために邪魔な人間を排除すべきだというように、極端な考え方をもつ人は実際に存在する。だが、その人たちのすべてが実際に行動し、革命行動やテロリズムやクーデターを引き起こすわけではない。

なぜかというと、その行為が法律違反であるとか、あるいは親族一同に多大な迷惑をかけるとか、自分のその後の人生を棒に振ることになるといった判断が行動の制御となって、人はめったに行動を起こさないものである。

ということは、実際に行動を起こした人は、その一線を越えたわけだ。では、なぜ彼らはその一線を越えたのか。その精神や思想が一線を越えさせた理由は何か。

私がなぜこのようなことに興味を持ったかと言うと、昭和初期のテロリストと呼ばれる人たちの何人かに話を聞きながら、行動に走る人間はなぜそんなことをするのだろうと考えたからである。その理由を確かめたかったのだ。

なかには実に軽率な人がいる。親分や指導者に言われたからやるという人たちで、昭和の初期のテロリストにはそういうタイプも少なくない。

しかし、あるテロリストがこんなことを言っていた。

政治的目的があるからそのために人を殺してもいいと思うような連中を、人はテロリストとか革命家とかいろいろな名称で呼ぶが、行為を起こしたときは誰かから指示されて行為を起こすのだから、その時点でテロリストではない。

そして逮捕されて警察に調べられたり、刑務所に入れられたり、裁判にかけられたりして、自分は軽率だったとか、暴力は否定するなどと、反省したりする。だが、反省するのも本当はテロリストではない。

彼が言うには、本物のテロリストは、刑務所に入って勉強したり、自分の行ったことを深く考えるのだという。その結果、自分が行ったことに間違いはなく、正しい行為だったのだと思った瞬間、その人物は本物のテロリストになるのだそうだ。

行為を起こしたときはテロリストや革命家ではなく、起こした後に、本当に私のやったことは正しいのだと信じ切った瞬間に、彼はテロリストになるというのである。

そう考えると、われわれは九割九分はそうならないし、そうならないのが当たり前であろう。精神と行動が一致した瞬間に行為者はテロリストとなる。それまでの統一性がとれていないときは、それは単なる軽挙妄動、あるいは単純な決行者でしかないといった指摘は重要な意味をもっている。

動機が行動の善悪を覆い隠す

いつの時代も私たちは、勧善懲悪の時代劇や時代を変えようとするヒーローの人間ドラマが好きだ。

なぜ現代のわれわれが、幕末や江戸時代の武士の話が好きかと言うと、彼らのなかに一線を越えて行為に走る人が一パーセントか二パーセント必ずいるからである。現代のわれわれは軽々に行動に走らない代わりに、過去の彼らにそういった気持ちを仮託しながら、その人たちの心理を見つめようとしているのだと思う。

このなかでもう一つ、重要な視点が出てくる。それは、こういった事件が起きるときに必ず起こる「動機至純論」である。

「動機至純論」とは、行為の善悪、あるいは方法はどうであれ、その行為に至った動機が純粋で至高のものならば一定の評価をするという尺度で、これは古くから日本人のメンタリティには強く刻印されている。

その端的な例が「赤穂《あこう》浪士」の事件である。

冷静に考えれば、いかに吉良上野介《きらこうずけのすけ》に屈辱を浴びせられたとはいえ、江戸城内の松の廊下で刀を振り回し、刃傷沙汰《ざた》を引き起こしたのは浅野内匠頭《あさのたくみのかみ》であり、当時の法体系からいえば、浅野内匠頭の切腹はごく常識的な判決である。それが不服な内匠頭の家臣たちが、大挙して吉良上野介宅を急襲し、本人のみならず家臣を多数殺傷に及んだのは、いくら近代法が制定される前の江戸時代とはいえ、許されるべき行為ではない。

だが人々は、赤穂浪士の討ち入りは、主君の恥辱を雪《そそ》ぐ忠臣たちの忠義からでた行為と褒め称《たた》えた。浪士たちの主君思いの純粋な動機の前に、彼らの行動の善悪、討ち入りという卑劣かつ凄惨《せいさん》な方法への批判の声はなく、本来ならば被害者であるべき吉良家に対しても、彼らが悪であるかのような視線を向けた。その徹底ぶりが日本社会の特質である。

本文で詳しく解説するが、「五・一五事件」や「二・二六事件」にも同じ構造が窺《うかが》えるし、「三島事件」でも同じような論評が多々見られた。冷静さを欠いている点では「太平洋戦争」も同様だし、「ロッキード事件」は逆に検察の巨悪追及という点が注目されたために、多くの点が明らかにされないまま、現在まで実態不明の状態で語り継がれている。つまり本質が曖昧《あいまい》なのだ。

目に見えない大きな影響力をもつ事件

以上あげた三つの視点から見た場合、今回選んだ七つの事件、事象はその他の史実と比べてその影響力が格段に違うという共通点をもっている。いずれも歴史の年表に残るであろう。

昭和の初期に起こったさまざまな事件、たとえば昭和十年八月の陸軍省軍務局長の永田鉄《ながたてつ》山《ざん》が刺殺された事件、あるいは国際連盟の脱退や満州事変、張作霖《ちょうさくりん》爆殺事件、どれも歴史に残る大きな事件ではあろうが、その影響力はこの七大事件の比ではない。

たとえば、五・一五事件と二・二六事件は、その後の時代に目に見えないところで及ぼした影響がきわめて大きい。

具体的にいうと、暴力に対する恐怖である。この二つの事件以降、暴力のもつ恐怖が世間に蔓延《まんえん》していく。それは歴史のテキストや年表のなかには出てこないのだが、たとえばこの時期、近衛《このえ》文麿《ふみまろ》首相はなぜこれほど弱腰になったんだろうと考えたときに、やはり彼のなかに暴力に対する恐怖感があったのではないかと推測できる。そのような見えない影響力が歴史のなかに影を落としている事件なのだ。

このほかの事件、三島事件もロッキード事件も同様で、目に見える部分も確かに大きいけれども、目に見えない部分、活字にされていない部分の影響力がことのほか大きい。歴史はそのようにして動くのである。

第二部で取りあげた事件の起きる前と後を比べると、事件の後は、確実に日本の政治、社会、そして歴史が変わっている。それがこの七大事件の大きな共通点でもある。そのことを前提に本文に目を通していただきたいと思う。

第一章　五・一五事件のもうひとつの顔

【五・一五事件】

昭和七年五月十五日、三上卓《みかみたく》、黒岩勇《くろいわいさむ》、古賀清志《こがきよし》ら日本帝国海軍の青年将校を中心に、陸軍士官学校の生徒や、橘孝三郎《たちばなこうざぶろう》、大川周明《おおかわしゅうめい》ら右翼の民間人が加わり、首相官邸や政友会本部などを襲撃。時の首相・犬養毅《いぬかいつよし》を射殺した、日本初の軍事クーデター事件。

杜撰で衝動的な「五・一五事件」

五・一五事件の概略は、右に記したとおりだが、この事件は昭和前期のファシズム体制のきっかけになる事件であった。いわばこの事件を機に昭和という時代は、軍事主導体制に変化していくことになったのである。とはいえ、事件そのものはそれほど大がかりなものではなく、たんなるテロリズムという言い方もできた。そのテロリズムが時代を変えたとは、どのような意味なのであろうか。

この事件の実行者は、海軍士官のグループ（A）と陸軍士官学校候補生のグループ（B）、そして民間のグループ（C）と、いわば三グループに分かれるのが特徴である。Aグループは海軍士官学校を卒業して、いずれは海軍の将官、佐官に昇進していくであろう軍人たちだ。二十代後半である。Bグループは二十三、四歳の陸軍士官学校候補生である。そしてCグループは、国家改造運動に挺身《ていしん》している大川周明や農本主義団体「愛郷塾」の塾頭である橘孝三郎とその門下生たちである。

三つのグループは、Aグループの三上卓、古賀清志、黒岩勇らを首謀者としつつ、首相官邸や牧野《まきの》伸顕《のぶあき》内大臣などを襲ったが、実際には、首相官邸で犬養毅を襲い、拳銃《けんじゅう》で射殺しただけのテロ事件といってもよかった。

この襲撃時の様子は、当時十一歳だった犬養首相の孫娘・犬養道子《みちこ》（評論家）がその著書のなかで次のように明かしている。この記述がいわば暗殺時の具体的な光景といってもよかった。

……海軍少尉の服をつけた二人と陸軍士官候補生姿の三人が土足のまま、方々に突き当たりつつ疾風の勢であらわれた。お祖父《じい》ちゃまを見ると矢庭にひとりが拳銃を突き出し引金をひいたが弾丸は出なかった。

「まあ、急《せ》くな」

お祖父ちゃまはゆっくりと、議会の野次を押さえるときと同じしぐさで手を振った。

「撃つのはいつでも撃てる。あっちへ行って話を聞こう……ついて来い」

（中略）

「まあ、靴でも脱げや、話を聞こう……」

そのときであった。母は自由に動かせる眼のはしに、前の五人よりはるかに殺気立った後続四人の「突き出た日本間」に走りこむさまをチラととらえた。

「問答無用、撃て！」

の大声。次々と九つの銃声。

（犬養道子『犬養道子自選集2』岩波書店）

「話せばわかる」と言った犬養に対し、実行犯たちは「問答無用、撃て」と言って現役首相を射殺した。このため戦後になって、五・一五事件は言論や議会政治を封殺するテロとして語られることになる。

このとき他のメンバーは、内大臣・牧野伸顕官邸の襲撃も計画していた。天皇側近である牧野を「君側の奸《かん》」と見なしていたからである。さらに警視庁や立憲政友会本部も襲撃する計画となっていたが、いずれも不発に終わった。

軍人とは別に、橘孝三郎の主宰する愛郷塾の門下生は、金槌《かなづち》を持って東京周辺の発電所を襲い、機械を壊そうとするが、いずれも逮捕される。なぜ変電所を襲ったのかは後述する。

事件のアウトラインは以上である。計画そのものはきわめて杜撰《ずさん》で、血気にはやった若手軍人が引き起こした衝動的な事件とも言える。

現役の首相が暗殺されたテロであるという点では大きな事件ではあるが、クーデター未遂というほどのものではない。

なぜ、これが昭和史を変えるほどの衝撃性を持ったのだろうか。

不気味な鳴動「三月事件」

五・一五事件には、近代日本史上、これまでの事件にはない不気味さがある。その不気味さとは何か。そこから生まれたものは何か。それを考えるために、まずこの事件の「因」を見てみたい。

五・一五事件が起きる前年の昭和六年は、九月に満州事変が起きているが、それ以外にもその後の太平洋戦争につながる地鳴りのような事件がいくつか起きている。

三月には、陸軍の中堅幕僚や指導部の軍人たちが主導権を取って、それに国家社会主義政党の亀井貫一郎《かめいかんいちろう》らが協力してクーデターを起こそうとする「三月事件」が計画された。この時は首班に担ぎ出されるはずの宇垣一成《うがきかずしげ》陸軍大臣が土壇場で拒否したため、計画は中止になったといわれている。しかしこの段階で、すでに軍部が右翼を使って政権を取るという意思を内々には持っていたことがわかるだろう。

この三月事件には、陸軍省軍務局長まで、相当高レベルの軍人が絡んでいた。国家社会主義政党の党員やシンパが国会を取り巻いてデモをして、騒擾《そうじょう》状態をつくり、政党政治が機能していないということで軍が出動して、クーデターを行うというシナリオだった。結局、この事件はうやむやのうちに葬り去られ、東京裁判で初めて明らかになった。当時、一般の日本人はほとんど知らなかったことが、この裁判で白日のもとにさらされたのである。

三月事件を最初に計画したのは、陸軍省の軍務課長や参謀本部の部長などの中堅幕僚と青年将校、青年士官たちである。彼らはロンドン軍縮条約に反対していて、それを理由に国家改造運動を起こした。

さらに民間には、右翼のグループがいた。北一輝《きたいっき》、大川周明、農本主義者の権藤成卿《ごんどうせいきょう》と橘孝三郎、あるいは血盟団《けつめいだん》事件を引き起こす井上日召《いのうえにっしょう》らが、青年将校らと接触していた。ただ彼らは、国家改造の具体的な政策や政権案などは持っていたにせよ、そのための行動力は欠いていた。

そのような軍関係者や民間右翼グループは、三月事件が頓挫《とんざ》した後、エネルギーをとにかく一本化して国家改造運動を進めなければならない、と考えた。そのための大同団結が模索された。

国家改造運動の意思を固めた「郷詩会」

昭和六年八月二十六日、東京・代々木《よよぎ》の日本青年館で、「郷詩会」という集まりが開かれた。表面上は詩を勉強する会というのだが、この日集まったのは、後に二・二六事件を起こした青年将校たち、それに軍内の中堅幕僚をまとめている橋本欣五郎《はしもときんごろう》らの「桜会」グループ、海軍からは軍縮条約に反対する艦隊派グループ、そして民間側からは北一輝の下にいた西田税《にしだみつぎ》、さらに井上日召とその誘いに応じた橘孝三郎らが出席した。

この顔ぶれからわかるとおり、この「郷詩会」は当時の国家改造運動の関係者がすべて集まった会合だといわれており、この中で具体的な方針が話し合われたとされている。

しかしこの集まりは、実際には一種の顔見せのようなもので、会合そのものが事件を起こす組織だったわけではない。それゆえに、歴史の年譜上でもあまり注目されていないが、ただこのときに陸海軍及び民間右翼の間で国家改造運動をやらなければならない、という意思統一がなされたとはいえる。

昭和六年九月十八日の柳条湖《りゅうじょうこ》事件をきっかけに満州事変が勃発《ぼっぱつ》した。この動きに触発された郷詩会のメンバーの間で、政党政治への批判や満州での軍の行動を支援する政権をつくるべきだという声が上がってくる。三月事件でいったんおさまったエネルギーが、また沸騰してきたのである。

柳条湖事件の収拾を図った首相・若槻礼次郎《わかつきれいじろう》、外相・幣原喜重郎《しではらきじゅうろう》ら政府の方針に不満を持ったこの一団は、三月事件によって軍事指導者たちは頼りにならないと見切りをつけ、中堅幕僚の橋本欣五郎を中心に「十月事件」を計画した。これはクーデターによって軍部の政権を樹立しようというもので、十月二十一日の決行日の前に計画が漏れ、橋本欣五郎が逮捕されて、表面上は収束する。このときも三月事件と同様、関係者の処罰は軽微で、うやむやのままに事件は葬り去られた。

先を越した井上日召に焦る青年将校たち

この十月事件には民間右翼の井上日召も加わることになっていたが、事件が未然に終わったのを見て彼は、軍と一緒にやっていてはだめだと考えた。そして昭和七年二月と三月、彼自身が茨城県に持っていた「立正護国堂」という寺の門下生を使ってテロを起こした。これが「血盟団事件」である。この血盟団には、立正護国堂の門下生の他に東大や京大の大学生、あるいは専門学校の生徒も加わっていた。その周辺には戦後、政界のフィクサーとなる四元《よつもと》義隆《よしたか》もいた。

このとき井上のグループは、三井財閥の団琢磨《だんたくま》と前大蔵大臣の井上準之助《いのうえじゅんのすけ》を暗殺している。井上のグループは、国家改造の行動を起こすには陸海軍の青年将校たちの決起を待っていてはラチが明かないので、とにかく自分たちで決行したのである。彼らの襲撃目標は政友会の犬養毅や民政党の若槻礼次郎、それに井上準之助、財界では池田《いけだ》成彬《しげあき》や団琢磨、特権階級として西園寺《さいおんじ》公望《きんもち》や牧野伸顕など二十名近くの名前を挙げていて、彼らを「一人一殺」するというのだ。それを機に、昭和維新の行動に結びつけるとの案であった。

さしあたり団や井上が狙われたのは、彼らが国民に経済的な圧迫を加えている点にあった。

当時の日本社会は景気が悪化していて、国民の多くは貧困にあえいでいた。そんななか、三井財閥はドル買いにより法外な利益を手にしていた。それが井上日召と門下生たちの苛立《いらだ》ちや憎しみを買っていたのだ。

さらに民政党内閣が金を解禁したり禁止にしたりして、その政策の変更が国内経済に大きなダメージを与えていた。これも、貧困に苦しむ庶民には政府の経済政策の無策に思えたのである。

後に井上日召はその手記のなかで、軍は信頼できないから自分たちでまず狼煙《のろし》をあげて、国家改造をやるつもりだったとも明かしている。血盟団のテロ行為を目の当たりにし、郷詩会に出席していた陸海軍の青年将校たちは、彼らに先を越されたという意識を持つ。そして、井上と同じ茨城の農本主義者である橘孝三郎のもとへと走るのである。

「民主主義に心が侵されている」

農本主義者・橘孝三郎は、明治二十六年に茨城県水戸《みと》市に生まれた。水戸中学から第一高等学校に入学するが、一高―東大―官僚という当時のエリートコースを歩むのを嫌い、一高の卒業一週間前に中退する。連日行っていた岡田《おかだ》式静坐《せいざ》法によって啓示を受けたというのだ。アナキズムや白樺《しらかば》派の影響を受けていた橘は、土とともに生きる道を選び、昭和四年、郷里に「文化村」という農村共同体をつくり、後に「愛郷塾」という名で農本主義思想の普及に努めた。もともとは穏健な人道主義者であり、理想主義者でもあった。しかし、昭和初年代の農業恐慌での農民の苦しみを見ているうちに、当時の国家体制そのものに不満をもつようになった。

この橘のもとに、井上日召に先を越されたと焦っている海軍の青年士官たちが訪ねるようになった。もともと日召に農本主義思想を教えたのは橘であり、それを知った青年士官たちが自分たちの運動に誘いこもうとしたのである。結局橘は、門下生と共に五・一五事件に加わることになる。

私はこの橘に、昭和四十九年から一年半をかけ、毎月一、二回会っては話を聞いてきた。当時、彼は八十歳を過ぎていた。

大正時代の橘は、人道主義者として雑誌『白樺』に寄稿したり、武者小路《むしやのこうじ》実篤《さねあつ》の「新しき村」と並び称される「文化村」を立ち上げたりしていた。その彼が、なぜテロリズムに加担したのか、私はそれが知りたかったのである。

そして彼に会うなり、なぜ先生は人を殺すというテロ計画に参加したのか、と尋ねた。そのときの彼の答えはこうであった。

「君の質問は、民主主義に心が侵されている」

人の命は大事だとか、人を殺《あや》めてはいけない、テロリズムは否定すべきだとか、そういった話は民主主義の基本的な発想である。それでは橘は答えようがないという意味だ。そういう質問をしたら、私とは会話は成り立たない、と伝えたのである。

農本主義者・橘孝三郎の五・一五事件とは

それでも橘は、「君はおもしろい男だ」と言って、具体的な話をしてくれた。話の最後、結局私は、質問を繰り返すことになった。

「あなたは人道主義者だったのではないですか。なぜ五・一五事件に参加したんですか」

そうすると彼は、こう説明をした。

自分には二つの理由があった。まず、北一輝は真の民族派ではない。国家改造運動を行っているにせよ、彼は共産主義者だという認識で、それは『日本改造法案大綱』を読めばすぐにわかるというのだ。あれは共産主義の理想的な論文である、と。その北一輝に影響された陸軍の青年将校は、基本的には国家の統制官僚であり、それは共産主義と同じ手法である、橘はそれには反対であった。これが一つ目の理由である。

もう一つの理由は、霞ケ浦《かすみがうら》から毎日のように彼のもとに来て、「先生も参加してください。われわれは行動を起こさなければならない」と説いた海軍の青年士官たちの目が澄んでいて、とても純粋だったからだという。そんな彼らに道を誤らせてはいけないと思った、というのである。

これは怖い言葉である。私は、政治の領域に「純粋」を持ちこんではいけないと思っている。というのは、政治に「純粋」を持ちこんだ場合、その「純粋」はたいていは「狂的な状態」になる。その「狂的」の部分を、橘は青年士官たちと共有することにしたのだ。

ただ橘は人道主義者でもあるため、参加するにしても、自分の理論を実践した形の行動をとらせて欲しいと要請した。

農本主義者である橘は、もともと資本主義そのものを否定している。資本主義は、農村を収奪する思想であり、文明が都市に集約して文明の遅れている農村を収奪する構図があるというのだ。だから橘は、東京市内の電気を全部消し、都市住民が文明を享受することに猛省をうながしたいと考え、発電所を壊すという行動に出たのだ。

橘孝三郎にとって五・一五事件とは、資本主義の象徴である発電所を破壊して、都市と農村のあり方を知らしめようと企図する事件だった。時の首相を射殺した青年士官や陸軍士官学校の生徒たちと比べ、他愛もない行動といえなくもないが、彼は他の誰よりも重い無期懲役の判決を受け、釈放後も五・一五事件の参加者というレッテルを背負い続けた。

獄中で国体原理主義者になった橘

この間の橘の苦悩について、私たちは改めて検証する必要がある。というのは、二〇一〇年春に橘孝三郎が獄中で執筆した手記が私の手元に届き、それを読むと、橘の懊悩《おうのう》がどのようなものであったかがわかったからだ。

昭和十二年六月二十八日の日付で、橘は獄中にあって「農村問題管見」という四百字詰めにして五十枚の手記をまとめていた。この手記は小菅《こすげ》刑務所の医師に託されていたが、それが近衛内閣の書記官長・風見章《かざみあきら》（茨城県選出の議員。事件時の橘のもっともよき理解者だった）にはわたされなかったらしく、この医師の関係者の書庫から発見され、橘の血縁の許《もと》に届けられた。私の所有しているのは、この原資料のコピーである。

この手記のなかで、橘はそれまでの農本主義的立場から国体原理主義者にその位置を動かしていくことを明らかにしている。むろん、表向きは日本の農村をどのように改革するかを具体的に語っているのだが、改めてこれを分析していくと、橘の識見やその理念の深さもわかる。この長文の橘手記の冒頭部分を以下に紹介しておきたい。

由来農村問題を論ずるにあたりまして、人々その立場を大いに異ならしめておるのであります。立場の相違は又、見解相違を必然足らしめます。その重なるものを範疇《はんちゆう》化して見ますと、大体二つの異なる立場を見出《みいだ》します。即《すなわ》ちは現状肯定派、謂《い》はば支配派です。共産主義等の口吻《こうふん》をまねればブルジョアです。第二は、共産主義者等によって導かれてきた、被支配階級的立場に属するもの、謂はばプロレタリヤ的なものです。三は、新しく起こって来た国民派的なものです。で私の立つ立場は第三の者で明らかに国民派的なものであります。私は農村問題を取り扱ひますのに、私自身が一人の農民であるが故に、階級的偏見に囚《とら》はれやすい階級的農民的な立場から之をなさんと欲しておる者ではありません。私の眼目は常に（祖国）日本であって、祖国日本とその農村がどんなに深い関係に結ばれておるものであるかを明らかにするを以《もっ》て私の唯一の目的といたします。それで私は端的にかう考えておるのです。農村が滅ぶことによって祖国日本が眞に光栄ある発達進歩の大道を辿《たど》り得るならば滅ぼすも亦《また》可なりである。けれ共、若《も》し農村滅ぶる時祖国又滅ぶ可《べ》きならば、絶対に農村を亡ぼすわけにはゆかんのだと。かくて又、祖国の存亡興廃の決せらるゝ要因を検討せんければならん次第です。

非常時の呼ばれ始めてからもう相当の年月を経ております。非常時はしかし一行解消されさうにもありません。解消どころか、あべこべにそれに拍車して、全世界は恐る可き大破壊の全世界大爆発にふるいあがっておるという事情が獄裏の我々の神経さえも、神経衰弱症に私をおとしいれるに充分なほど刺戟《しげき》しております。まことに国家の危急有史未曾有《みぞう》です。祖国の存亡興廃の決を、世界の大勢、国際情勢など外部的要因に於《おい》て検討を下さねばならん次第であります。そしてそれに対して農村が有《も》つ重大性を発揮せねばならん次第です。

世界の大勢が同じどんな色彩をとって我々の目の前にさらされておるかについて、餘《あま》り語る必要はあるまいかと存せられます。平和克服後世界の最大問題だったのは、ロシアの革命、又は世界の赤化問題でもなく、日本の朝野の最も大きな問題をなして来た海軍軍縮案でもありません。全世界の悩みの最大なものはただに、全世界の経済状態を一九一四年以前の情態に復帰せしめんとすることのそれに外ならなかったのです。（以下略）

橘は、未曾有の世界危機にある現在、もっとも重要なことは第一次世界大戦前の経済状態に戻すことであり、それによって世界は落ち着きを取り戻すといい、まずそのためには農村問題を解決することである、と断言している。自らは国民的立場だと明らかにしたのが、この冒頭の部分である。

そして橘は、農村改革の実現には、「全国民的維新を見る外に方法なきものと解せられます。されば又、皇道維新こそは具体案の又具体案で、私の理想実現の母体ここにありと申し上げなければなりません」といい、五・一五事件を獄中で総括することによって、自らは国体原理主義者になったと告白している。橘の転生を知る貴重な手記が七十四年を経てやっと公開されたことになる。

大きく〝ジャンプ〟した五・一五事件の「果」

それでは、事件に至るまでの「因」が重なって、どのような「果」が生じたのか。
私はかつて、五・一五事件の検証を続けながら、この事件は〝三段跳び〟だなと思った。
そして、次のように書いた。

ホップというのは決行者であり、ステップというのは、当時の軍部と政党政治家が拮《きっ》抗《こう》しながらも維持していた権力集団である。そしてジャンプは、公判で減刑嘆願書に殺到した人びとである。ではこの三段跳びをした〝正体〟は何だったかということになるが、それが「軍国主義」であり、「ファシズム」だったといえまいか。

（保阪正康『五・一五事件　橘孝三郎と愛郷塾の軌跡』中公文庫）

ホップというのは青年将校たちの行為であり、ステップというのは、この事件が起きたときに政友会、陸軍、天皇側近がどのような意思表示をしたかという意味である。このホップ、ステップという「因」があったために、ジャンプという「果」の距離が伸びたと考えられるのだ。この「果」は、事件の加害者である青年士官や候補生たちに対する一般大衆の減刑嘆願の動きの大きさである。それによって、この事件はこれまでにない不気味さを伴うことになったのであり、これがなかったら五・一五事件は単なるテロ事件として歴史的には大きな扱いは受けなかったであろう。

あまりにジャンプが大きかったために、政友会は殺害された犬養毅を国葬あるいは政党葬にしたいと考えたが、軍と大衆に脅えてできなかった。

加えて陸軍大臣の荒木貞夫《あらきさだお》は、青年たちがこのような事件を起こすのは世の中がおかしいからで、彼らの気持ちは自分にはよくわかる、と発言する。また海軍大臣の大角岑生《おおすみみねお》も、海軍からこの事件の犯人を出したのはまことに恥ずべきことであるが、彼らがこういう行動を起こした理由はわかると、全面的に肯定する。

さらに元老である西園寺公望が、次の首班を推薦するために、住んでいた静岡県興津《おきつ》から東京に向かう列車のなかで、憲兵隊司令官が強引に乗ってきて、今は非常時だから軍に協力する内閣を上奏せよ、と西園寺に詰め寄ったりした。

結局、西園寺はファッショ的な人物を内閣の首班にするなという天皇の意見をくみ、さらに挙国一致内閣をつくれという軍部の圧力も聞き入れ、海軍出身で天皇の側近でもある斎藤実《まこと》を推薦した。このときに日本の政党政治、議会政治が、実質的に崩壊することになったのである。

テロリストから英雄へ

軍の圧力もさることながら、このとき、大きな力となったのが、一般大衆の世論である。

この事件の裁判は、昭和八年七月二十五日から九月十九日まで陸軍士官学校の候補生、七月二十四日から九月二十日までは海軍の士官たちが裁かれたが、このときの法廷は異様な興奮状態となった。

まず法廷では、被告に弁明の機会が無制限に与えられた。被告たちはいずれも二十代から三十代初めになるのだが、被告としての陳述は国民に圧倒的な支持を受けた。この様子を私はかつて次のように書いたことがある。

……この軍法会議は、一般にも公開され、傍聴席には回を重ねるに従い、傍聴人が長蛇の列をつくるようになった。法廷では、まだ二十歳になったばかりの被告たちが、「自分たちは信念に従い行動したのだから死はすでに覚悟のうえ、いまさら弁護の力を借りて生き長らえるつもりはない」とか「支配階級は一君万民の大義に背き、農村の疲弊を放置し、国民精神を退廃せしめてついには皇国の精神を危くする」とつぎつぎと涙ながらに陳述を始めると、判士（裁判官）も泣き、検事側の軍人も泣き、これを報じる新聞記者も、そして傍聴席もまた泣いた。

（保阪正康『昭和史七つの謎』講談社文庫）

とにかく、日本全体がパニックに陥ったかのようであった。全国から被告への同情が殺到したのである。法廷にこれほど同情があふれるのは異常だが、何を物語っているのか。情報発信が一元化され、一方的に感性を刺激されるとこのような状態になるという見本のようなものであった。その異様さを拙著などからさらに紹介することにしたい。

公判前までは（減刑嘆願運動は）愛国団体以外には殆んど見るべきものが無かつたが、公判半頃より陸軍の論告求刑を境として、つひに大衆運動と化した。そして判決の九月十九日までに三十五萬七千餘通の嘆願書と、奇《く》しくも被告の人数と同数の十一本の指が公判廷へ運び込まれたのである。

（「五・一五事件の人々と獄中の手記」『日の出』昭和八年十一月号附録）

陸軍側の被告たちの判決の日には、傍聴席からひとりの老婦人が起《た》ちあがって、「裁判長さま、どうかお情けのある判決を……」と涙声で訴えた。

（保阪『昭和史七つの謎』）

（彼らの心情は）新聞、雑誌にはきわめて情緒的に報道された。決行前に病身の家人に黙って家を出たとか遺書を懐に入れていたとか……、主君の仇《かたき》を討つために何人にも知らせず出むいた赤穂浪士にたとえられ、彼らの私心なき行為は賞《ほ》められて当然だという意味をもつ記事まで発表される有様だった。（保阪『五・一五事件』）

一説では、百万通余の減刑嘆願書が殺到し、なかには指を切ってホルマリン漬けにして送ってくる者もいたというのだ。報道機関はそれを美談に仕立てあげ、法廷では傍聴席から起ちあがって減刑嘆願をくり返す者まで出てくる。

こうしてテロリストとして裁かれるべき犯人たちが、しだいに英雄になっていったのである。まさに倒錯した社会が演出されていった。

「動機至純論」はテロを是認する論理

事件の実行犯が、被告から英雄になっていくのは、第二部の「はじめに」でも述べた「動機至純論」そのものである。

五・一五事件の決行者である青年士官や陸軍士官学校候補生たちの考え方は、彼らの「檄《げき》文《ぶん》」のなかに収められている。そこには次の一節があった。

今や邦家救済の道は唯一つ『直接行動』以外の何物もない。国民よ！　天皇の御名に於いて君側の奸を屠《ほふ》れ。国民の敵たる既成政党と財閥を殺せ！　横暴極まる官憲を膺《よう》懲《ちょう》せよ！　奸賊《かんぞく》、特権階級を抹殺せよ！（中略）日本の興亡は吾等決行の成否に非《あら》ずして、吾等の精神を持して続起する国民諸軍の実行力如何《いかん》に懸る。

自分たちは捨て石になるという思想である。これに当時の多くの国民が共鳴した。彼らの行為は確かに法に触れてはいるが、その現状を変えようとするエネルギーは評価すべきであるとの了解点がつくられた。つまり、国民的な意識が決行者とほとんど同じだという心理構造をもっていた。怖いのはそれであった。

この段階で主観的意思と客観的分析がほとんど一体化した状態になった。それが昭和八年以降の日本社会で描かれる光景になっていったのである。

この裁判でつくられた国民的情念。それは何だったのかは、年表を見てみるとよくわかる。

昭和六年九月十八日の満州事変に連動して、昭和七年三月に満州国が建国される。八年三月二十七日に国際連盟を脱退。日本は完全に国際的に孤立してしまう。またこの年、非合法共産党の幹部だった佐野学《さのまなぶ》や鍋山貞親《なべやまさだちか》が転向し、日本は天皇主権国家になったことで歴史的な革命が行われたと発表する。そんななかで五・一五事件の裁判が行われたのである。それは「因」と「果」をはからずも重ねあわせていたともいえるのだ。

その後の天皇機関説の排撃、国体明徴運動、そして二・二六事件は、五・一五事件そのものが「因」となっての連鎖反応でもあった。今回紹介した橘孝三郎の獄中手記は、時代の流れを要領よくまとめていたことになる。大正時代の人道主義が時勢に合流したという意味をもっていた。

この五・一五事件により政党政治は終わりをつげ、ファシズム体制へと移行していった。その後押しをしたのは当時の国民の意識であり、動機が純粋ならば行為は許されるという「動機至純論」であった。手段がなんであれ、その思想や考えに共感するなら行為は正しい、ということになれば、あらゆることが是認され、歴史から教訓を学ぶという姿勢は無意味になってしまう。つまり動機至純論は、テロリズムを容認する論理である。そしてそれは、二十一世紀の現代でもしばしば耳にする論理であることに気づくべきであろう。

第二章　青年将校たちの精神と二・二六事件

【二・二六事件】

昭和十一年二月二十六日、陸軍の青年将校が率いる約千五百名の陸軍兵士が、首相官邸や警視庁などを襲撃し、大蔵大臣・高橋是清《たかはしこれきよ》、内大臣・斎藤実らを射殺したクーデター事件。事件を知った昭和天皇は激怒し、三日後の二十九日に反乱軍は鎮圧された。

エリートが率いた事件

二・二六事件は昭和史を変えた事件だが、ではどのように変わったのか、という視点で考えてみたい。

二・二六事件を一言で説明すると、昭和十一年二月二十六日午前五時、陸軍の第一師団の第一連隊、第三連隊に属する青年将校が起こした軍事クーデターで、参加した青年将校ら十七人が死刑になった事件である。

「青年将校」という言葉だが、これは陸軍士官学校を卒業した者を指している。この段階では年齢は二十歳、或《あ》るいは二十一歳。彼らの大半は十三歳になるとまず、東京、名古屋、広島、大阪、熊本、仙台の全国に六校あった幼年学校（大正時代には一時期東京のみとなる）の試験を受けて入学する。この試験はかなり難しく、相当優秀な者でなければ簡単には入れない。

幼年学校在学中に、彼らは「原隊」というものを持つ。これは軍隊の本籍みたいなものといえるだろう。だいたいが出身地の連隊が本籍のようになる。この原隊とは、軍にいる限り常につきまとうことになる。陸軍士官学校を卒業すると、原隊に入り、隊付き勤務を行う。彼らが、いわゆる「職業軍人」といわれるのである。

隊付き勤務になったとき、さらに優秀な者は、連隊長の推薦をもらって陸軍大学校を受験できる。士官学校は一期だいたい三百五十人、陸大の定員は通常五十人だから、陸軍大学校に入学すること自体、超エリートであることがわかるだろう。

二・二六事件とは、この青年将校二十人あまりが、第一師団の第一連隊、第三連隊などの下級兵士など、千五百人を率いて決起した事件である。

首謀者である青年将校たちには、北一輝、西田税ら民間の活動家が支援した形になっている。さらに首謀者たちが率いた兵士たちは千五百人だが、彼らは何も知らないままに動員された者が多い。なかには戦後社会党に入り、埼玉県知事になった畑和《はたやわら》や、落語家の五代目柳家小《やなぎやこ》さんらがいるが、彼らはそういった末端の兵士たちであった。

青年将校に対する五つの見方

首謀者である青年将校たちを昭和史上にどのように位置づけるか、これまでだいたい次の五つの見方があったように思える。

①当時の陸軍には「皇道派」と「統制派」という二大派閥があり、それが派閥抗争を繰り広げていた。彼らはその抗争の犠牲者であった。

②彼らは要人を暗殺してクーデターを起こそうとしたがゆえに、この事件の首謀者たちはいずれも国事犯である。これが戦後の一般的な見方といえるだろう。

③彼らは当時の社会情勢に不満を持って立ち上がった、社会の変革者である。当時の農業恐慌、政治腐敗、陸軍上層部の事なかれ主義、そういったものに対して激しい怒りをもった

のである。

④彼らの行動は責められるが、その動機は正しいという「動機至純論」がある。この延長は三島由紀夫《ゆきお》などがそうであったが、二・二六事件を情念的に賞賛気味に捉《とら》える。

⑤彼らは戦争の呼び水役を果たしたファシストである。この事件はファシズムや軍国主義そのものである。これは主に唯物史観的な見方といえるだろう。

この事件を論ずる人の立場や意見によって微妙に重なりあったり離れたりするのだが、以上のだいたい五つに分かれると思われる。

理性、知性を捨てた行動

彼ら首謀者の事件を起こす意思は、蹶起《けっき》趣意書に明確に示されている。要するに、この国を「万世一神タル天皇陛下御統帥ノ下」という形で「八紘《はっこう》一宇ヲ完フスルノ国体」に純化させようというものだった。そのために、「茲《ここ》ニ同憂同志機ヲ一ニシテ蹶起シ、奸賊《かんぞく》ヲ誅滅《ちゅうめつ》シテ大義ヲ正」そうとしたのである。

とくにその理由として、「所謂《いわゆる》元老重臣軍閥財閥官僚政党等ハ此《こ》ノ国体破壊ノ元兇《げんきょう》ナリ」。つまり、天皇の前で国民が平等であるという「一君万民」思想に対し、元老や重臣、軍部、財閥、官僚、政党などはこれを根本から壊そうとしている、その理不尽さに我々は立ち上がるんだといっている。青年将校から見れば、この連中は「君側の奸」に映るわけだ。

本来、兵士を動かすのは天皇の大権であり、一兵たりとも天皇の命令がなければ動かすことはできない。しかし、青年将校たちはその大権に背き、兵を動かしてしまった。彼らは、大きな矛盾を倒すために小さな矛盾は許されるのだと解釈したように思われる。

しかし、彼らにとって大きな誤算だったのは、自分たちが「君側の奸」と思っていた天皇側近たちは、実は天皇にとっては「股肱《ここう》の臣」、すなわちもっとも信頼できる側近だったのである。そのため、事件を知った天皇は激怒したのである。

前述したように、青年将校たちは軍内にあってはエリートたちといってよかった。すでに、青年将校の中でも村中孝次《むらなかたかじ》や磯部浅一《いそべあさいち》のように退官前の段階で陸軍大学校に入学できる立場の者も多かったのだが、彼らに共通していたのはエリートの道をまっしぐらに進むよりは、一般兵士たちと接しているうちに現実の日本社会の矛盾に気づき、その改革を行うべきだと考えた点にある。

実際の行動に自らの全存在を賭《か》けたときに、彼らは、知性や理性を捨てさり、感性だけで行動を起こした。そのため、青年将校のなかには病的ともいっていいような行動を起こす者もいた。それは、彼らの殺害方法が残虐きわまりないことからもよく窺《うかが》える。

軍事とはどこまでも徹底的に理知的であり知性的でなければいけない、と私は思っているのだが、ともすれば行動するときに感情的、情念的になってしまうところが、日本の軍事組織のおかしさであろう。

自分勝手な要望書

二月二十六日午前五時、一行は襲撃目標別に分かれてそれぞれの地域に向かったあと、青年将校のなかの指導者たちは陸相官邸に向かい、我々はこういう行動を起こしたと川島義之《かわしまよしゆき》陸軍大臣に伝えた。このとき、ぜひ我々の思いを実現するために荒木貞夫、真崎甚三郎《まさきじんざぶろう》らの陸軍の指導者で、我々の意を理解している閣下を呼んで内閣をつくってほしいと要求する。

さらに蹶起趣意書とともにもう一つ、彼らは「陸軍大臣ニ対シ要望スベキ事項」という七項目を川島に突きつけた。

「蹶起趣意書」では高邁《こうまい》な理念を披瀝《ひれき》しているのだが、要望事項ではかなり俗っぽくて自分勝手な要望を訴えている点に特徴がある。二・二六事件が陸軍内部の派閥抗争だといわれる所以《ゆえん》は、この内容にあったともいえる。

たとえば第一項には「速ニ事態ヲ収拾シテ維新ニ邁進《まいしん》スルコト」、つまりこの状況を維新内閣をつくる方向へ進めてくれということである。第二項は「皇軍相撃ノ不祥事ヲ絶対ニ惹《じゃ》起《つき》セシメザルタメ、速ニ憲兵司令官ヲシテ憲兵ノ妄動を戒メ」、我々に対して弾圧するなということだ。

そして第三項、第四項では、皇軍私兵化の元凶である南《みなみ》大将、小磯《こいそ》中将、建川《たてかわ》中将、宇垣総督を即時逮捕し、「軍閥的行動」をした根本《ねもと》大佐、武藤《むとう》中佐、片倉《かたくら》少佐等を即時罷免することを要求している。これらの将校たちは、いずれも統制派ないしは皇道派に批判的な軍人たちである。つまり、自分たちの考えと相容《あいい》れない中堅幕僚や上層幹部の軍人たちをすべて軍内から追い払ってしまえとの要求である。これはいわば青年将校たちの一方的な言い分となるのだが、陸軍内部に抜きがたいほどの派閥対立があったことが明らかになったともいえた。

私の見方になるが、この要望によって、青年将校たちの志はあまりにも矮小化《わいしょう》されることになったとも思える。

そして第五項では「蘇国威圧ノ為」、つまり共産主義思想を抑えるため、荒木大将を関東軍司令官にするように要求している。

第六項では、全国に散在している同志のうち、主要人物を東京に呼び寄せるよう要求し、第七項では、「前各項実行セラレ事態ノ安定ヲ見ル迄《まで》、突出部隊ヲ現占拠位置ヨリ絶対ニ移動セシメザルコト」と宣言しているのである。

くり返すことになるが、高邁な理念を掲げ、決死の思いで起《た》ちあがると宣言しながら、その要望はというと、自分たちの気に入らない人物の実名をあげたうえで、逮捕しろとか辞めさせろというだけでなく、さらに自分たちを鎮圧せず、自由に行動させろとまで要求している。

そもそも軍の人事権は天皇がもっている大権の一つで、青年将校クラスがあれこれいうのは明らかに越権行為なのだが、結論としていえるのは、二つの要求文書の落差そのものが、はからずも悪しき政治主義ということである。二・二六事件が、しばしば青年将校の純真さと軍官僚の狡猾《こうかつ》さの対立といった構図で語られたり、皇道派対統制派の力関係で語られるのは、この政治主義に由来しているためであろう。それゆえに、天下国家を憂う心を錦《にしき》の御旗《みはた》として掲げながら、その内情は実につまらない派閥争いが「因」だったとも言われてしまう。

私は青年将校の側もこの「因」を認めると思うが、事件が昭和史の転回点になったとするなら、それはそれで当事者の意思そのものも歴史的には検証されるべきだと思う。

「即刻鎮圧」を命じた梅津、東條、阿南

事件が発生するや、天皇はすぐに最初の報を受けていた。このときの侍従武官長は本庄《ほんじょう》繁《しげる》で、関東軍司令官も担った軍の長老だった。本庄の娘婿の山口一太郎《やまぐちいちたろう》は、事件には参加し

なかったが、思想的に決起した青年将校たちに近い人物で、本庄もこの決起に対して同情的だった。

そのため本庄は天皇に対し、彼らの行動は確かに責められるけれども、その精神、その動機において汲《く》むところが幾つもあるかと思うので、どうか勅語を発して彼らになんらかの陛下の意思を伝えてほしいと要望している。

すると天皇は激高した。自分の股肱の臣を殺しておいて、何が勅語だ、すぐに鎮圧しろ、もし鎮圧しなければ、自分が白馬に乗って指揮をする、とまで言っている。

この天皇の怒りはすぐにも陸軍上層部に伝わったが、もし決起が成功したら自分たちは逆賊になるということで、上層部はなかなか鎮圧の意思を決定しようとしない。さらに、弾圧か否かをめぐって皇道派と統制派の対立も相変わらず続いている。そのため事件が四日間も長引くこととなった。

しかしこのとき、軍内にあって、仙台第二師団長の梅津美治郎《うめづよしじろう》、関東軍参謀長の東條英機《とうじょうひでき》、陸軍幼年学校の校長だった阿南惟幾《あなみこれちか》、この三人の将官が即刻鎮圧すべしという態度を鮮明にしていた。梅津と東條は、それぞれの赴任地から「鎮圧せよ」という電報を執拗《しつよう》に送り、阿南も幼年学校の生徒の前で、この事件に心を惑わされてはいけないとの批判を展開する。三人が事件後に揃って陸軍の指導部に入ったのは、このときの功績があったからである。ただつけ加えておかなければならないのは、梅津や東條はどちらかといえば統制派に属するのだが、阿南は派閥抗争には関係なく、純粋に青年将校たちの行動が「軍人勅諭」に反していると考えての批判だった。

こういう構図を見ていくと、事件の続いた四日間に陸大出のエリートといわれる省部の軍官僚にも、意外なほど小心だったり、自らの計算しかできない人物が多かったりするのもよくわかる。その一方で、やはりエリート予備軍である決起側の青年将校たちも、立ち上がったのはいいが、実はこの後具体的にどうしていいのかわからないとの甘えがあった。

そもそもクーデターとは、中枢機関を制圧し、国家のすべての権力を掌握したうえで、自分たちが奪い取った権力で国家、政治の運営を強圧的に進めるものである。ところが二・二六事件の首謀者たちは、自分たちの同調者と思われる人物に内閣を組閣して欲しいといっている。だから権限は、事件後も依然として陸軍首脳部にあるわけである。

決起した青年将校たち、陸軍上層部、そのどちらも腰の定まらないなかで、天皇はひとり激怒し、一部将官たちが執拗に鎮圧を主張する。そうした動きのなかで出されたのが、歴史的に有名な「陸軍大臣告示」であった。

問題となる「陸軍大臣告示」の文言

このときの陸軍大臣・川島義之には、青年将校たちが陸相官邸を襲撃した折に、押し入れに隠れたという説もあるが、典型的な軍官僚であるがゆえに、この事態を収拾するにはまったくの無能をさらけ出す。

事件当日の午前九時過ぎ、川島は天皇のもとに事件の報告に出むき、そこで天皇に激しく叱責《しっせき》される。その後に青年将校たちと交渉を始めるのだが、川島は当事者能力に欠けているため、陸軍省軍事調査部長の山下奉文《やましたともゆき》が彼らと向き合うことになった。そして午後三時に山下から発表されたのが「陸軍大臣告示」であった。

これは五項目からなる。

一、決起の趣旨に就《つい》ては天聴に達せられあり
二、諸子の行動は国体顕現の至情に基くものと認む
三、国体の真姿顕現（弊風を含む）に就ては恐懼《きょうく》に堪えず
四、各軍事参議官も一致して右の趣旨により邁進することを申し合わせたり
五、之れ以上は一に大御心に俟《ま》つ

この意味は、①決起した理由は天皇に伝わっている。②お前たちの行動は、真実国体、天

皇制の一君万民のこの国家の現れである。その気持ちというのはよくわかる。③国体をありうべき姿として現すということについては、我々も思うところが多々ある。④軍の長老である軍事参議官もこの趣旨で進むことを決めている。⑤これからのことはすべて天皇のお気持ちを待つ――ということになる。

山下は決起将校たちの前で、この陸軍大臣の名前において出された告示を読んだわけだが、今でも論争になっているのは②である。

この告示をつくったのは軍事参議官たちであるが、その原文では「諸氏の真意は」となっていた。それを山下が「諸氏の行動は」と読んだのである。この違いがのちのちまで問題を起こすのだ。

「真意」であれば、お前たちの気持ちが国体顕現にあることはわかったが、行動を容認することではない、との意味になる。しかし「行動」であれば、お前たちの行動は国体の顕現の本当の純粋な気持ちに基づくものだから認める、という意味になる。実際にこれを聞いた決起将校たちは、自分たちの行動は正しいと認めてもらったのだと喜んだ。しかし、結果的にこれは錯覚でしかなかった。

ゆれる陸軍

先に、当時の陸軍内に「皇道派」と「統制派」の内部対立があったと書いたが、実は山下奉文は、青年将校たちと同じ「皇道派」に近かった。青年将校たちの要望書に関東軍司令官にせよとあった荒木貞夫大将は、皇道派の中心人物である。皇道派系の軍人たちはこの事件を機会に、自分たちが実権を握るように利用すべく画策した。

事件が起きたのが午前五時、それが国民に発表されたのが午後八時十五分。公式発表文は「陸軍省発表」になっているが、実際は警視庁に発表させている。

この発表文のなかに、次のような一節がある。

「これら将校等の蹶起せる目的は、その趣意書に依《よ》れば内外重大危急の際元老、重臣、財閥、軍閥、官僚、政党等の国体破壊の元兇を芟除《さんじょ》し、以《もっ》て大義を正し国体を擁護開顕せんとするにあり。」

これを読めば、陸軍省は青年将校の側に立っていると思えなくもない。あたかも青年将校の行動を容認しているようにも思える。

さらに、このような一節がある。

「右に関し東京部隊に非常警備の処置を講ぜしめられたり。」

具体的に何をどうしたというのは一切書かれていない。つまり、陸軍省も状況を正確に把握していないなかでの発表文でもあったのだ。

それに対し海軍省は、午後八時四十分に出した発表で次のように述べた。

一、第一艦隊、第二艦隊は、各東京湾及び大阪湾警備のため廻港《かいこう》を命ぜられ、それぞれ二十七日入港の予定。

二、横須賀警備戦隊は東京港警備を命ぜられ、二十六日午後芝浦《しばうら》に到着せり。

明らかに鎮圧の意思を示している。ここには陸海軍対立の芽が隠されている。

株の動きを気にした天皇

陸軍内部は事件の対処をめぐってゆれ続ける、さらに陸軍と海軍とで対立がある、という状況下で、一貫して即刻鎮圧の態度を崩さなかったのが天皇だった。確かに冷静に考えると、クーデターで新しい国家をつくろうという行動を、天皇が許容するわけがない。

その状況が周囲もわかってきて、二月二十九日に戒厳司令部より「下士官兵ニ告グ」という有名な投降を呼びかけるチラシが撒《ま》かれた。それを受けて兵士たちは原隊に帰り、青年将校たちは警備司令部に逮捕された。

結局この四日間、陸軍の内部では皇道派と統制派の対立があり混乱したが、天皇だけは最初から最後までまったく意思が揺らがなかった。

戦後刊行された『昭和天皇独白録』や『木戸《きど》幸一《こういち》日記』のなかに、天皇が二・二六事件後の三月一日に商工大臣を呼んで、株について質問したというエピソードが出てくる。日本が政治的に混乱しているなか、ニューヨークやロンドンなどの、つまりウォール街やシティの株はどうなっているのか、と確かめているのである。

この部分を読んだとき、私は天皇の感性はわれわれ一般人とはちょっと違うなと思った。いや、多くの人は、天皇が国家転覆の危機に瀕《ひん》しているときに株の心配をしていたと驚いた。しかしそれは天皇が、世界が日本の市場をどのように見たか、その情報を冷静に集めようとしているともいえるわけで、やはりかなり世の中の状況を理解している人だともいえる。事件の「因」に対して厳しい目を向けつつ、その「果」に関しては、国際社会での位置づけを見ておこうとしていた。それは事件におののいている天皇のイメージとはまったく異なっていて、ある意味では正直なバランスともいえるのではないかと思う。

ちなみに現在、天皇家の財産、資産は関係官庁がウォール街やシティに投資したり、日本の基幹産業の株を売買したりして運用しているという。それは戦前から行われていたともいわれているが、当時陸軍の軍人たちの間では、なぜ天皇は親英米派なのかという疑問の根拠として噂されていた。ということは、天皇側近は英米型の資本主義体制そのものの全面的な肯定者とも考えられたのだ。

磯部浅一の呪詛

二・二六事件は、青年将校たちが逮捕されて終わったが、彼らは全員入獄し、軍法会議にかけられた。非公開、弁護人もつかない、まさに暗黒裁判であった。この年（昭和十一年）七月五日に、十七人に死刑の判決が下され、そのうち十五人が七日後の十二日に処刑される。磯部浅一と村中孝次だけが、民間人の北一輝と西田税を裁くための証人として、死刑の日程が延ばされた。

その磯部は獄中で膨大な手記や日記などを遺《のこ》した。これを読むと、彼自身は同志が死刑になって、精神的にもかなり混乱しているのがわかる。

たとえば八月一日の記述。

何にヲッ！　殺されてたまるか、死ぬものか、千万発射つとも死せじ　断じて死せじ、
死ぬる事は負ける事だ　成仏することは譲歩する事だ　死ぬものか、成仏するものか

（河野司編『二・二六事件――獄中手記・遺書』河出書房新社）

当時磯部は三十一歳であったが、獄中にあっては「優秀無敵なる悪鬼になる可《べ》く祈つてゐるのだ。必ず志をつらぬいて見せる」というような、まさに「狂」に近い心理状態へと変わっていく。

そして、八月四日の記述である。

北一輝氏、先生は近代日本の生める唯一最大の偉人だ、余は歴史上の偉人と云はれる人物に対して大した興味をもたぬ、いやいや興味をもたぬわけでないが、大してコレハと云ふ人物を見出《みいだ》し得ぬ、西郷《さいごう》は傑作だが元治《げんじ》以前の彼は余と容《い》れざる所がある、大久《おおく》保《ぼ》、木戸の如《ごと》きは問題にならぬ

（前掲書）

明治維新の立役者と北一輝を比べ、北を持ち上げている。二・二六事件は北一輝の『日本

改造法案大綱』をもとに起こしたことを公然と言っているわけだ。青年将校のなかには、北に対してそれぞれ異なった対応があるが、磯部は北にもっとも畏敬《いけい》の念をもっていた。それは社会主義的な目をもっているという意味にも通じている。

翌五日の記述で、南次郎朝鮮総督、杉山元《すぎやまげん》教育総監、西尾寿造《にしおとしぞう》参謀次長、寺内寿一《てらうちひさいち》大臣、宇佐美興屋《うさみおきいえ》侍従武官、鈴木貫太郎《すずきかんたろう》、牧野伸顕らの実名をあげ、強烈な呪詛《じゅそ》の言葉を書き連ねている。

指を屈するにいとまなし、今にみろッみろッみろッみろッ必ずテンプクしてやるぞ　（前掲書）

これらの人物が「君側の奸」というのだろう。

決起は至純の情を示すため

青年将校の主体的な意思を確かめるときに、もっともその存在が注目されるのがこの磯部浅一である。磯部は決起将校のなかでも、それほど恵まれた家庭環境で育ったわけではなく、少年期に、優れた頭脳ゆえに支援者のもとで陸軍幼年学校に進んだのだが、それだけに社会を見つめる目は純粋といえば純粋ともいえた。前述の、いわば「狂」に近い心理はその純粋さゆえといってもよかった。

軍事法廷での態度も卑屈になることはなかった。

紋付羽織袴《はかま》に威儀を正し、縁の壊れた眼鏡を紐《ひも》で耳にかけて裁判官を屹度《きっと》見詰めて答弁した。声は全被告のなかで一番大きかった。

（池田俊彦編『二・二六事件裁判記録―蹶起将校公判廷』原書房）

法廷では家庭状況について、裁判官の問いに答えている。

祖父母は私の幼少の時死亡し、父は昭和六年死亡し、母は健在であります。長兄伝一が家督を相続し次兄と共に農業に従事して居ります。私は昨年十月佐賀県小城《おぎ》郡芦刈《あしかり》村西戸崎富谷須美太郎長女登美子二十三歳と結婚しましたが未《いま》だ入籍は致して居りません。

（前掲書）

磯部のこうした経歴は、当時の日本社会では決して珍しくない。農村共同体のなかにあって、優秀な成績だったために陸軍の教育機関に入ることで、自らの存在を社会のなかに位置づけることができたのである。だいたいは、軍内エリートをめざして強い上昇志向をもつ。磯部にもまた周囲はそのような期待をしたであろう。だが、磯部はそういうタイプではなかった。

法廷での裁判長とのやりとりのなかで、「被告は何時頃から国家改造問題に付て関心を持つに至つたか」と問われて次のように答えている。

私が国家改造問題に関心を持つに至つたのは士官学校本科在学当時からであります。尤《もつと》も幼少時代から私の素質の中に国をよくせねばならぬと云ふこと、天皇陛下にお尽しなければならぬと云ふ様な信仰を持つて居て、其《そ》の考へが幼年学校に入り尊皇愛国尽忠報国の精神教育を受けて、其の精神を益々大ならしめました。（中略）欧洲大戦、関東大震災の後を承《う》けて日本国ががた付きました。宇垣（一成）、山梨《やまなし》（半造《はんぞう》）、南（次郎）大将の陸軍大臣の時代に二回に亘る軍備縮小あり、私共は非常に肩身を狭く感じました。此《こ》の時に世相の頽廃人心の軽佻《けいちょう》を慨して国家の前途を憂へ、これでは不可と云ふので国家改造運動に向つて進んで行つたのであります。

（前掲書）

こういう大正時代の空気のなかで、「社会主義共産主義にかぶれて退校処分を受けたり、婦人関係にて心中したり其他校規校則を犯して放校其の他の処分」を受ける者があったという。そういう状況下で「正義を持して譲らなかつた」のが私たち同志だともいっている。磯部は、自分たちのような純粋さこそなによりも重要だ、と主張するのである。

具体的に、昭和七年以降に原隊で初年兵教育にあたったときの話をもちだし、そこで彼らの身上調書を見て怒りを感じたというのだ。

（初年兵の）大部分は家庭貧困でありまして、教育する私に色々の家庭の状況を訴へまして国家の権力者の不正不義に対して怒りを感じ、国民精神の作興は国民生活の安定等に付て大いに憂へ之等《これら》初年兵に同情する様になりました。（前掲書）

このように証言している。

昭和初期の農業恐慌に刺激され、政党政治の仕組みや資本主義的経済機構そのものへの怒りももったということになるのだろう。磯部に限らず、隊付き将校として初年兵の環境を見たときに、そこに強い怒りをもつことは容易に分かるが、しかしそれがクーデター計画に結びつくところに青年将校たちの一途《いちず》さがあるといえる。自分たちの決起は、天皇のためであり、それは我々の至純の情を示すためだとも言っている。

青年将校を代弁する磯部の証言

裁判長と次のような問答も交わしている。

問　被告は陛下が御軫念あらせられて居ることに付ては何んと思つたか。

答　私共は皇権の奪取奉還を致したのでありまして陛下の御軫念を畏《おそ》れると云ふのでは決行しません。お喜びあらせられると思つてやつたのであります。私は大権私議をして居るのではありません。内閣を奏請することは人物のよいか悪かを奏請するのであつて決して大権私議ではありません。

（傍点は保阪、前掲書）

このとき磯部は三十一歳だが、その身分は昭和九年四月に停職処分（前年の十一月事件による）を受けていたが、その間にさらに「粛軍に関する意見書」を発表したために免官となる。したがって、元青年将校という言い方が正確なのだが、その意識と行動は二・二六事件の青年将校を代弁している。その磯部の証言を検証すると、すぐに次の二点がわかる。

①青年将校の怒りは社会的状況そのものにあり、とくに農村疲弊にその因がある。
②彼らの主体的意思は天皇の意思と衝突することを予測していなかった。

この二点を磯部は見事に代弁しているが、それゆえに処刑が一年延ばされた間に書いた磯部の手記は、しだいに天皇への激しい怒りに転じていく。いわば呪いといってもいい。だから次のようなことまで書くのである。

一、天皇陛下　陛下の側近ハ国民を圧する奸漢《かんかん》で一杯でありますゾ　御気付キ遊バサヌデハ日本が大変になりますゾ　今に今に大変な事になりますゾ　二、明治陛下も　皇大神宮様も何をしておられるのでありますか　天皇陛下をなぜ御助けなさらぬのですか　三、日本の神神はどれもこれも皆ねむつておられるのですか　この日本の大事をよそにしている程のなまけものなら　日本の神様ではない

（『二・二六事件――獄中手記・遺書』）

自分たちは天皇のことを思って天皇のために行動を起こした、狂的なエネルギーをもって一線を越えたにもかかわらず、仲間はいずれも処刑されるなどして、天皇に裏切られてしま

ったとの怒りである。そのため、磯部の心理は完全に逆転してくる。つまり、尊皇の位置がかわりつつあるのだ。天皇を呪い殺すほどの強いエネルギーを彼は発するのである。

この日記のなかで、磯部の感情の高まりはしだいに一点に集中してくる。天皇に対し、「どうしてあなたはそれがわからないのか。あなたは何を考えているのか」と、憎しみと呪いの言葉を投げかけていくのである。

この磯部の精神状態は、磯部個人の特質から来るものだろうか。

私はそうは思わない。この精神状態は、陸軍の教育がつくり出す一つの精神形態であり、天皇に対して純化した精神と言ってもいい。「軍人勅諭」からつくられてくる陸軍の軍人のもっとも模範的な精神である。

そこまで純化していったがために、「あなたのためを思って我々は行動したのに、なぜあなたはそれがわからないのか。あなたはいったい何を考えているのか」という次元にまで天皇への感情を高めるのである。

明治時代、大正時代にはこのようなタイプの軍人は少なかった。また、磯部と同時代の軍官僚も彼ほど天皇を純化した見方はしていない。

もちろん軍官僚も言葉では、「天皇陛下のために……」という。しかしそれは、自分の権力保持のため便宜的に使っているだけである。そこには磯部のように純化した天皇観はない。

要するに昭和の日本陸軍の軍事指導者たちは、天皇を利用していただけという側面ももっている。磯部はそれを見抜いて激高していたのだ。

二〇一〇年四月に公刊された「小柳《こやなぎ》資料」（水交会刊）、海軍の小柳冨次《とみじ》という将官が戦後に存命している将官四十七人を訪ねて聞いた話をまとめた資料がある。それによると、昭和十九年七月に海軍大臣に就任した米内光政《よないみつまさ》がやはり就任したばかりの次官・井上成美《いのうえしげよし》に、天皇から戦争継続のための燃料の備蓄についての質問があったので、至急資料を作成するよう命じた。井上はさっそく燃料局長を呼んで資料をつくるよう命じたところ、その燃料局長は、「本当の資料をつくりますか？」と尋ねたそうだ。井上が問い質《ただ》すと、前大臣の嶋田繁太郎《しまだしげたろう》のときは数字や内容を書き換えた資料をつくって天皇に渡していたという。つまり軍官僚は、戦争の実情を天皇には正確に知らせていなかった。天皇の軍隊だと言いながら、その実、官僚としての己《おの》が身を守るのに必死だったという事実が明らかになっている。

判決が決まっていた北と西田

磯部と同じく処刑を延期された村中孝次にも、『丹心録』という遺稿がある。こちらは磯部と違い、ひじょうに冷静に事件後の動きを見つめており、資料としても貴重なものとなっている。

とくに注目されるのは、次の文章である。

一、七月十一日夕刻前、我愛弟安田優、新井法務官に呼ばれ煙草を喫するを得て喜ぶこと甚し、時に新井法務官曰《いわ》く「北、西田は今度の事件には関係ないんだね、然《しか》し殺すんだ、死刑は既定の方針だから已《や》むを得ない」と。又、一同志が某法務官より聞きたる所によれば「今度の事件終了後は多くの法務官は自発的に辞めると言つてゐる、こんな莫《ば》迦《か》な無茶苦茶なことはない、皆法務官をしてゐることが嫌になつた」と。又、一法務官は磯部氏に「村中君とか君の話を聞けば聞く程、君等の正しいことが解つて来た、今の陸軍には一人も人材が居ない、軍人といふ奴は訳の解らない連中許《ばか》りだ」と言つて慨嘆せりといふ。（前掲書）

私は村中のこの遺稿を読みながら、村中にこのように漏らす法務官たちは、半分は本音が伴っていたと思う。その一方で、処刑されるものに対して「お前が間違っている」とは言わないわけで、通常はなだめたりする。その言が正直に村中に伝えられているともいえるのだ。北一輝、西田税などは事件には関係ないけれど殺すという言い方は、陸軍上層部がいかに北の思想や西田の動きを気にかけていたかを物語っているともいえる。

北と西田は裁判を始める前から死刑にして殺してしまう、というのが国の方針だったとは、私は昭和五十年代にある判事から具体的に話を聞いたことがある。

それによると、裁判を異様に早めたのは、最初から裁判の結果が決まっていたからだというのだ。とくに寺内寿一陸相などは、「既定方針どおり早くやれ」と判事室に入ってきてなんども圧力をかけたそうだ。

つまり、北一輝らに責任を押しつけろ、ということだ。そこが軍官僚と青年将校の違いということだろう。

純化した気持ちを利用した軍官僚

二・二六事件のあとに、寺内寿一や梅津美治郎、東條英機といった軍人が新しく陸軍の指導者として登場した。こうした軍人たちは、二・二六事件を踏み台に軍内の権力をにぎっていくわけだが、私はこの人脈を新統制派と言っている。要はこのような指導者たちが登場してきたのが、「果」なのである。東條に代表されるように、きわめて狭い範囲でしか事象を捉えられないタイプ、思想や理念などひとかけらもない中途半端な軍官僚タイプが実権をにぎることになったのだ。

その一方で粛軍人事が断行され、十一年八月と十二年三月に、皇道派を軍の中枢から外していった。たとえば大臣告示のときに問題になった山下奉文は以降、外地回りとなり、太平洋戦争の開戦時には南方軍の十四方面軍でフィリピンに送られていた。山下はマレー作戦の折、東京に寄って天皇に謁見しようと試みるのだが、東條は決して会わせなかった。新統制派による天皇の囲い込み現象ともいえた。

皇道派だという疑いがあるとの理由で、優秀な将校が予備役になったり、中央から外されていった。これもまた「果」だったのである。

さらに梅津や東條は、「陸海軍大臣現役武官制」という制度を復活させた。この制度は明治期から大正三年の山本権兵衛《やまもとごんべえ》内閣の時まで一貫して続いていたが、大正時代からは陸海軍大臣は就任時に文官でもかまわないということで、予備役の元軍人を閣僚に据えるのも可能になった。

しかし現役武官制度に戻るとなると、軍が内閣の生殺与奪の権利を握るようになる。つまり、内閣が気に入らなければ、軍は大臣を出さなければいい。あるいは大臣を辞任させれば、内閣は自然に潰《つぶ》れてしまう。

軍事予算に関しても軍が主導権を握るようになる。それまでは議会でオープンに語られていた軍事予算が、本予算とは別に機密費、或いは臨時軍事費として次々加算されていくことになった。軍事政策をコントロールする政治の力は極端に衰えていった。

二・二六事件の首謀者の一人である磯部浅一は、天皇を思い、その気持ちを純粋なままに一方的に高めていったために、最終的には憎悪まで持つようになったことを考えると、二・二六事件の「果」はあまりにも残酷だ。青年将校たちの純化された精神や無私の心情は逆手にとられてしまったともいえた。

そうした青年将校たちの純化された気持ちを、事件後の新統制派の軍官僚たちは、自分たちに都合のいいように利用していったのが、二・二六事件の「果」の部分なのである。この「果」の部分を検証するときに、新統制派の軍人たちがいかに軍事機構を歪《ゆが》めたか、偏った人事異動で軍内のモラルを誤らせたかは正確に書き残しておかなければならない。

第三章　太平洋戦争・「誤謬の東條首相」と閣僚

【太平洋戦争】

昭和十六年十二月八日、日本陸軍によるイギリス領マレー半島上陸、引き続き同日（現地時間では七日）日本海軍航空隊によるアメリカ・ハワイ真珠湾攻撃により開始され、昭和二十年九月二日、日本が降伏文書に調印したことにより終了した戦争。枢軸国側の日本は、主に太平洋地域で連合国のアメリカ、イギリス、オランダ等と戦った。日本側の犠牲者数は戦闘員百七十四万人、民間人三十九万人。

変化してきた「太平洋戦争」論

太平洋戦争を、本書のタイトルのように「事件」と表することに抵抗を覚える人も少なくないだろう。

確かに太平洋戦争は、事件というような次元のものではなくて、もっと重大な歴史的事実である。明治維新とその決着点である太平洋戦争は、百年経とうが二百年経とうが、歴史教育のなかで近代を学ぶときに、もっとも大きなウェイトを占めることはまちがいない。

これまで太平洋戦争に関して、膨大な研究書、論文が発表されてきた。ただ、戦後六十六年を経て、太平洋戦争そのものが「同時代史」の感覚からしだいに「歴史」の感覚で論じられるようになってきた。

そこで、従来とは異なった点として次のような変化が指摘できる。

①新しい世代による史実の研究・検証。
②従来とは異なり当時の一般兵士の証言がふえる。
③新資料の発掘、紹介が続いている。
④他分野（歴史、政治以外）からの論点が提示されている。
⑤原爆、特攻、玉砕が歴史的論点の軸となっている。

このような変化のなかで、今、太平洋戦争はどのように語られているのか、また語られ始めているのか、そのことを見つつ、私なりの見方を示しておきたい。

太平洋戦争を見詰める三つの立場

太平洋戦争は昭和十六年十二月八日から昭和二十年八月十五日、あるいは九月二日（降伏文書に調印した日）の間に起こった戦争だが、これを歴史のなかで見ていくとき、三つの立場があるように思う。

まず、太平洋戦争の内容とそれを起点とした戦後社会がどうなっていったかを俯瞰《ふかん》していくという立場、これを仮に「A」とする。次に太平洋戦争の始まりの地点から、そこを起点として歴史がどのように進んでいったかを実証的に確かめる立場、それを「B」とする。その逆に、太平洋戦争終結の時点から近代日本をふり返るという見方、これを「C」としよう。

アカデミズムは基本的には「A」である。歴史を見るもっとも一般的な立場は「A」であり、史実を整理していくには、有効な見方である。しかし「A」の立場だけで見ていると、その歴史を営んでいた当時の人間の心情や社会の微妙な空気などは見落としてしまう。当事者意識が抜け落ちてしまうのだ。

開戦時の社会状況が、その後どう伝わっていき、それが戦後社会にどう教訓化されたか、また終戦時からふり返って、この戦争がどういう理由で始まったのか、歴史のなかに生きてきた庶民あるいは個人一人ひとりの息づかいを見ていくには、「B」や「C」の見方が重要な意味をもってくるのである。

「A」の立場では、結局太平洋戦争とは何だったのか、そしてそれはどのように歴史に伝わっていくのか、ということは理解できる。このうちアカデミズムでは、二つの結論が理解されている。

一つは、日本の軍国主義はファシズム体制だったということ。それからもう一つは、この戦争は近代日本の矛盾の集約点だという捉《とら》え方である。ファシズム体制という捉え方が天皇制が内包する矛盾の政治システムを批判するのに対して、近代日本の矛盾の集約点という捉え方は、明治維新から日本が進んできた帝国主義的道筋のなかに問題があったと見る考えである。

ファシズムの前提としては、日本の政治システムは欧米型の政治システムたりえていなかったという分析がある。農業国家の地主制のもとで、もっと平易にいうと地主と財閥、高級官僚、そして軍事指導者が天皇制という枠組みの内部で政策を煮詰め、先行している帝国主義諸国とアジア諸国での市場争奪戦争を繰り広げたというのだ。そのため、政治的にはファシズム体制、経済的には帝国主義戦争という見方になるのだ。

一方「B」の立場から分析してみれば、日本人の近代の出発点、つまり明治政府の初期における政策決定システムに問題があった。もっというと、明治政府が意図していた「脱亜入欧・富国強兵」という近代日本の出発点に矛盾があったと見る。その矛盾が時代とともに拡大して、いつしか欧米との間で対立を生んで衝突をした。その対立は帝国主義の発展段階が異なっていたために、結果的に大日本帝国が帝国主義のもっとも悪質な部分を代弁する形になった。太平洋戦争とはそのような戦争だったという理解である。

人類史から見た原爆、特攻、玉砕

この「A」「B」「C」の立場を超え、太平洋戦争に限っていえば、五十年後、百年後でも世界史の中で語り継がれることが三点ある。第一は原爆の投下、第二が特攻と玉砕である。原爆は、大量無差別殺戮《さつりく》が可能になった科学の進歩としての結実であった。それに対し特攻と玉砕は、物量に対する精神を対比させたという意味で、明らかに二十世紀の近代主義に対する復古的な側からの挑戦であった。

そして第三は、十六世紀から始まっている欧米先進国のアジアへの植民地支配に、ともかくも決着をつけたことである。

もちろん植民地主義の決算には、各国に独立運動をした人たちがいるわけだから、その功績を無視するわけにはいかない。加えて、大日本帝国は初めから欧米列強の植民地支配を打倒するために戦ったのではない。むしろ、欧米列強の後を追いかけていったあげくの戦争ともいえた。しかし、戦争を起こした主体的意思はどうであれ、結果的に日本の役割が植民地主義の決算につながった。

この三つのなかで特に原爆と、特攻、玉砕は、「A」の立場で太平洋戦争を語るときに必ず持ち出されるが、「B」「C」の立場でこれを見た場合、意味がまったく変わった形で語られることが指摘できる。それは軍事の領域を離れて、この国の文化や伝統といった見方に傾いての判断なのである。

確かに原爆投下は、ファシズムであろうが近代日本の矛盾であろうが、そんな見方には関係なく、われわれ人類が抱え込んでしまった大量殺戮兵器であり、これを二回も使われたわれわれ日本側の考え方・意見というのは、戦争の善し悪しとか、日本の軍事主導体制がどうだということをまったく抜きに、別な論理で見ていかなければならない。そうすることで、太平洋戦争を人類史の枠組みにおいて捉えることができる。

このような見方は、近年はとくに若い研究者の間で出始めている。たとえば次のような見方である。

戦後、日本の「平和と経済成長」神話において、広島と長崎の原爆体験は日本の戦争「被害」を象徴し、その戦争「被害者意識」を正当化する根拠として機能してきた。……広島と長崎の原爆体験がナショナルな集合的記憶として定着してゆくのは原爆投下直後のことではなく、日本の高度経済成長期と考えられる。……広島と長崎の原爆体験という〈私〉の次元の感情論が「唯一の被爆国」ないし「唯一の被爆国民」というナショナルなアイデンティティ／神話に回収されていくのは、社会学者の見田宗介《みたむねすけ》が言う一九六〇年から七〇年代前半までの「理想の時代」と言えよう。

（奥田博子『原爆の記憶　ヒロシマ／ナガサキの思想』慶應義塾大学出版会）

この書の著者はアメリカにあって研究を続けた研究者（現在は関東学院大学准教授）だが、私はこの書にふれて、ついにこういった見方が出たかというのが正直な感想であった。

著者の主張は、広島、長崎の被爆者をただ犠牲者であるとか、日本を原爆の被害を受けた被爆国であるとか、そういった視点だけで語ってよいのだろうかという問題提起を含んでいる。言葉を換えれば、人類の抹殺が可能なこの兵器の登場は、人類史そのもののなかで多面的に検証を加えていく必要があるのではないか、というのである。

同じく特攻や玉砕の問題においても、『きけ　わだつみのこえ』の手記を読んで感動するといった領域を超えて語られなければならない、という研究者の声も出ている。

そこには政治的な、あるいは軍事的な意味よりも、むしろ文化的な、あるいは人類史の文明という意味、または人類の生存という根源的な問題に関わる対象として、原爆投下や特攻・玉砕が語られているのである。このような語られ方は、原爆投下を同時代の枠でとどめるのではなく、人類史そのものにあてはめて考える必要があるということだ。人類はこれまでにない大量殺戮兵器をもつことによって、新たな思想や理念が必要になっていると理解したほうがわかりやすい。

私たちは今、このことに気づかなければならない。

東條を首相に戴いた悲劇

このような新しい視点とは別に、これまでの太平洋戦争論で見落としていた視点、あるいは忘れられた視点を拾いだしておかなければならない。

幾つかその視点はあるのだが、さしあたり私はこの戦争（三年九か月近く続いたのだが）の推進役であった東條内閣と閣僚の、その度量や思想を見なければならないと思う。東條英機首相はどのような考えをもっていたのか、そしてその閣僚たちは未曾有《みぞう》の戦争に対してどういう姿勢で立ちむかったのか。ここでは東條首相、嶋田海相、賀屋興宣《かやおきのり》蔵相の三人のスケッチをえがくことで、彼らの起こした戦争はどのように歴史的に伝わっているかを確認しておこう。

東條首相については、昭和十七年、十八年の戦時下で何冊かの評伝も書かれている。私自身、昭和五十年代（四十代のことだが）に、彼の評伝をまとめたことがあるが、この軍人は軍事上の知識については相応の深い知識をもっていたのだろうが、政治、経済、社会、文化についてはほとんど何の知識ももっていなかった。従って、その指導者としての姿勢はあまりにもその場しのぎの危ういものであった。いわば大日本帝国はこのような指導者をもって戦争を始めなければならないという、大きな誤りを犯したのである。

東條首相の理念、思想の薄弱さが、この戦争の大義を著しく弱めたことは否めなかった。実はそのような例は枚挙に暇《いとま》がないほどである。私的な話になるが、昭和五十年代初めに私は東條英機の評伝を書こうと思いたち、東條周辺の関係者に次々と取材を試みた。そのときに、東條の秘書官であった陸軍の軍人・赤松貞雄《あかまつさだお》となんどか会うことができた。

赤松はむろん東條の秘書という立場から、東條がいかに素晴らしい軍人であったかを語ったのだが、その半面、その言は政治家としては多くの点で欠陥があったことを正直に告白したのである。そのうえで自分たち秘書官グループ（赤松のほかには海軍の鹿岡円平《かのおかえんぺい》、内務省の廣橋眞光《ひろはしただみつ》）が私的に書いていた東條の言行録を見せてくれたのだ。私はそれをくまなく読んで、正直なところあきれ果てた。東條の日々の言辞は、どう考えても指導者としてはあまりに底が浅いと思えたからである。

この言行録については、拙著（『東條英機と天皇の時代』ちくま文庫）でも利用しているが、その後刊行された『東條内閣総理大臣機密記録　東條英機大將言行録』（伊藤隆・廣橋眞光・片島紀男編、東京大学出版会）にも収められている。

この言行録のなかから、幾つか驚くべき発言を確認しておく必要がある。

昭和十九年六月から七月にかけては、「あ号作戦」が失敗し、サイパン陥落も現実のものとなった。日本の敗戦は誰もが認めざるを得ない方向に入っていく。指導者には、この戦争をいかに収めるかの政治的、軍事的判断と国民の生命、財産への被害をいかに最小限に食い止めるかという役割があった。しかし、東條はまったく考えていない。

たとえば六月十七日のことだ。前日の十六日にB29が日本本土に攻撃をしかけてきて、そのために九州の八幡《やはた》製鉄所が爆撃されている。冷静に分析すれば、本土爆撃のきっかけといってもよかった。このとき東條は秘書たちに語っている。

一、あたふたと驚く程のことはない。戦争だ。当然あれ位の事は予期せねばならぬ。あれは蚊がとまつた位のもの。泥道ではねがあがつた位のものだ。然しあれが空襲だと思つたら大変だ。

（前出の拙著や伊藤隆・廣橋眞光・片島紀男編書）

強気一本である。そしてこの日、東條は饒舌《じょうぜつ》であったらしく、秘書官日記には次のようにも書かれている。ここに書かれているのは東條の知識がすべての点で生煮えであり、その理解は独善、偏見、そして見通しの甘さという形で裏づけられる。秘書官の記述をすべて以下に引用しておく。

六、日枝《ひえ》神社の例祭の折、早朝六時頃参拝（非公式）された帰途、内閣庁舎を見廻《みまわ》れた処、法制局等では書類が山の様にあつた。又棚を造つて積む様な有様を見られ、「あれが全部焼けたらなあと思つたよ」と。それから、

イ、始皇帝の焼本、学者を殺したことには非常に意味があること。

ロ、「はにわ」の御制定は当時では大きな御仁慈であつたと思ふ。

ハ、昔、事ある時には全国で祈願祈禱《きとう》を行つたのであるが、あれは精神統一と思ふ。思想統一だと思ふ。昔の人は良く考へてゐるよ……

（前掲書）

戦争が困難な状況にあるとき、東條の会話は驚くほど国民への目がない。公式の会議などでもこの類《たぐい》の会話に終始している。さらに六月二十四日にはサイパン島守備隊が全滅の様相を呈しているとの段階では、国民の間にもこの内閣への不信が起こり、どれほど憲兵政治で弾圧をつづけても国民の怨嗟《えんさ》の声は強まっている。そのときにも次のように話していたと、秘書官の日記には書かれている。

一、総理を誹謗《ひぼう》する投書から、「デマ」に及んでゐる話を云はれてから、総理は「善を実行するには悪と闘はなければならぬ。通例善は行はれず悪が行はれ勝ちのものである。善きは充分取り上げて伸ばさなければならないが、悪あらば見逃すことなく徹底的につみとらねばならぬ。「我直《ただし》くんば千万人と雖《いえど》も恐れず（我ゆかん）？」とは即ち例令《たとえ》善いことでも之を断行し実行するが為には、千万人と云ふ妨碍《ぼうがい》を突破せねばならぬことを云つてるものと思ふ」。（前掲書）

自ら行うこと、つまり戦争遂行という国策は「善」だというのだが、こういう自省のひとかけらももっていない首相のもとでの戦争は、あまりにも反国民的ではないか。太平洋戦争には近代日本の終着点という理解をもつにせよ、東條のような指導者をかついで行われたこと自体は、悲劇そのものだったといえるのではないか。

コストを無視した戦争

一方で、もうひとりの閣僚のことも語っておかねばならない。それは大蔵大臣の賀屋興宣だが、彼は戦争の経済的側面、つまり戦費の調達の役を担った。しかし、この役には多くの壁があった。賀屋の追悼集（『渦の中　賀屋興宣遺稿抄』昭和五十四年）には、賀屋自身の戦後の遺稿が収められているが、そこには当時の苦衷が明らかにされている。軍事独裁政権のもとで、文官の業務がほとんど停滞していたことがわかる。

大本営、政府連絡会議は戦争中ずっと続いたが、この会議で遺憾なことは統帥部のいわゆる〝統帥権の独立〟で作戦中に関する事項の内容にはいっさい触れないことであった。これでは最高指導会議の役割が果たせないのである。また冷静に議論をしようとしてもすでに意図が定まっていて議論はあとから理屈をつけるということが多い。たとえば、最も重大な海上輸送力の計算をするのに、新造船による増加と損傷船の修理能力を一方に計算し、一方に戦争による減耗を考える場合、減耗率を少しずつ少なくみて、増強力を少しずつ多くみれば結論のカーブは非常に違ったものになる。そこを人為的にやれば何とかやれるという数字になるのである。冷静な研究のようで、それはたいへんな誤算をはらむ状況である。

（賀屋正雄、賀屋和子『渦の中　賀屋興宣遺稿抄』）

このような状態で、国家予算の決定やら執行やらが行われたというのである。

このような言い分にふれて私は、あの戦争のコストパフォーマンスを調べたことがある。これまであまり検証されてこなかった分野だが、財政的に太平洋戦争を見ていったらどうなのか、を検証してみると驚くべきことがわかった。戦時下では、軍部の主張する「統帥権干犯」という旗印のもとに、財政のチェックがほとんどなされていなかったのだ。

戦争といえども、国家プロジェクトである。当然そこでは予算を計上し、原価を計算していかなければならない。戦闘機や戦艦が被害を受けると、どれだけの損失を受けたかを計算しなければならない。あるいは戦死者が出た場合、一人あたりいくらの遺族年金が必要なのか、そういったコストの計算を続けながら戦争を継続していかなければならない。

しかし日本は、そういった計算をほとんど行っていなかった。完全に国家経済が崩壊したまま戦争を続けていたのである。

戦争はコストがかかるので、その分市場に貨幣が出回り、インフレになりやすい。それをどう抑えるかが政府、大蔵省の重大な役目である。だが、当時の日本の大蔵省は、ただ紙幣を刷るだけの機関であることを要求されたといいうるのだ。

陸軍省、海軍省には軍事費としての予算があり、さらに戦時にはこれとは別に、臨時軍事費という補正予算のような支出が別途出てくる。太平洋戦争が進んでいくうちに、この臨時軍事費がどんどん増えていく。臨時軍事費の要請があった場合、大蔵省の主計官が、その内容、用途を詳しく聞き、その報告に基づき判断するのが通常だが、当時の日本の場合、大蔵省の官僚が軍部にそのような質問をするのは「統帥権干犯」になってしまったのだ。

だから軍部は、特別な説明もしないまま、大蔵省から臨時軍事費を出させていたことになる。この臨時軍事費を生み出すための原資、つまり税収は、基本的には増税と国債発行だった。増税は、昭和十二年度予算編成時から軍備膨張のために常にくり返されることになった。また常時発行される国債は、軍需工場や企業に強制的に買わせた。

つまり当時の日本は、国の経済的な規模の限界を超えて貨幣がつくられて、市場にあふれていった。つまりインフレ状態になった。しかし、日本人は真面目ゆえ、貯蓄の奨励を実践し、せっせとなけなしのお金を貯蓄し、それが全部臨時軍事費の原資に回っていったのである。だから予想よりもインフレは抑圧されていった。

当時、徴兵保険というのがあって、三、四歳から男児が加入し、兵隊になったときにお金が返ってくるという保険だった。こういった保険が数多く考えだされていて、庶民のお金が常に吸収されるような仕組みになっていたのである。

虚構だった戦争継続

大蔵省の官僚の手記には、本当は国家財政が崩壊状態だったのだが、日本人の生真面目さによって持ちこたえていた、と指摘しているものもある。実際に賀屋自身も前述の書のなかに書いている。

私が言うとおかしいけれども、通貨の面からは戦争政策は大体順調に進んだのであるが、物の方はいたって思わしくない。もともとあれだけの大戦争をして、そのうえ国民生活を最小限に維持することは至難の業である。日本に物資の不足と配給の混乱が起こるのは当然のことだとも言える。したがってきわめて適切な計画のもとに、各方面が協力一致してやっても思わしくいかないものであるのに、陸海軍相互の間、また陸海軍の内部でも、いろいろな物資の取り合いが起こる。民間でも類似のことが行われて、だんだんに計画通りに物資が動かなくなってくる。物資動員計画は画餅《がべい》にすぎないような状態になった。そしてついにいろいろな物の混乱、ひどい戦時的混乱を生じたのであった。（中略）重ねて言うが、大本営・政府連絡会議における戦況報告もおざなりのもので、真相はかくされていた。現地の下級幹部は上級幹部に体裁のいい報告をし、上級幹部はその上に輪をかけてうまいことを大本営に報告し、大本営はまたとりつくろって真相をわからせない。というのが真相ではなかったか。（前掲書）

戦争継続そのものがまったくの虚構になっていたということだ。この虚構のもとで戦争の形態が悲惨になっていったのだが、指導部の無責任体系に比して、個々の兵士たちはきわめて真摯《しんし》に「戦争を戦った」という事実は指摘できるのだ。

そのことは、特攻作戦や玉砕という戦術をとりだしてみてもすぐに指摘できる。その事実を、私たちは「太平洋戦争」という事件からいかに教訓化していくかということである。

戦争のコストの問題について、最初はアメリカの戦略爆撃調査団が、昭和二十年九月以降に一年近くの時間をかけ、数千人もの専門スタッフで調べていった。昭和二十五年に日本評論社からその調査報告書の一部が刊行された。その本のなかに財政の章がある。

それを一読したときの私の正直な感想は、このようなものであった。

「こんな規模で、こんな経済構造で、こんな工業力で、よくアメリカと戦ったな」

それは誰にも共通する感想だった。

いまのわれわれが省みれば、三年九か月近くのあの戦争を戦うのは常識に反しているといわざるを得ない。だからこそ、最後は特攻作戦や玉砕戦術になったのであろう。ありうべき判断からはずれたかたちで戦った戦争だということがよく判るのである。

だが、この場合の常識は、西欧的な価値観をもとにしたものである。これを、立場を変えて日本的な価値観から見ると、また違った判断となるであろう。日本的な価値観とは、精神力が圧倒的な物量に体当たりして散っていくとの見方でもあるし、人間の一生を「桜の花」と同じような瞬間に彩りを鮮やかにして、そして散る美学になぞらえたりもする。特攻隊の部隊名に「桜」が用いられたのは、この精神を示していたのである。時代はそういう空間だった。

それだけに過去の出来事や社会現象を、今の価値観だけで判断してはいけない、ともいえる。それは物事の一面しか見なかったり、誤った判断をしてしまったりするだけでなく、そこから学ぶべきことを学べなくなってしまうからだ。

自らに都合のよい牽強《けんきょう》付会の解釈は、太平洋戦争を語るときに数多く生まれている。たとえば、よくあるのは、陰謀説である。

「ルーズベルトは、日本が真珠湾を攻撃するのをあらかじめ知っていた。しかしそれを黙認して、明らかに日本をはめたのである」

この説は、一九四七年にアメリカのジャーナリストが、ルーズベルトの真実を書くとのふれこみのなかで展開した説で、その背景にあるのは、民主党と共和党の争いからくる政治的解釈なのである。それに日本の一部の論者たちが飛びついている。

日本人捕虜はなぜしゃべるのか

日本軍の兵士たちは、東條が自らにいうようにこの戦争に真に意義を見出《みいだ》していたのだろうか。むろん、ひとたび国策が決定したらそれに従うのは当然という、当時の考え方からすれば納得はしないままに戦争に加わった人たちは多い。しかし、ひとたび呪縛《じゅばく》が解けたら、意外な反応を起こすことになるのだ。

二〇一〇年頃までの間に、太平洋戦争に関して新しい視点から、さまざまな興味深い研究が発表されている。

この年、ＮＨＫの元ディレクターである中田《なかた》整一《せいいち》氏が『トレイシー』という本を刊行した。「トレイシー」というのは、カリフォルニアに実在した、日本兵の捕虜を尋問する施設である。ここでアメリカ軍は、暴力的なことは一切用いずに、日本兵との会話のなかからさまざまな情報を聞き出した。意外なほど、日本軍の将兵は重要な情報を次から次へと洩《も》らしていたのである。

捕虜に語らせるためには、おだてる、いらつかせる、魅了するなど、様々な工夫を弄《ろう》する必要があった。ウッダード大尉は、酸いも甘いも嚙《か》み分ける人物だった。
尋問官はよい聞き手であることが何よりも大事であった。沖野（保阪注・日本人捕虜）に時間が経つのも忘れるほどに自分自身を語らせた。二人は時局問題、日中戦争、今後の戦争の見通しなどに話がはずんだ。（中略）
アメリカは沖野大佐から徹底的に情報をとろうとした。沖野もまたしゃべりすぎるほどよくしゃべった。
（中田整一『トレイシー』講談社）

たとえば日本兵捕虜は、名古屋に三菱《みつびし》系企業が飛行場をつくっていると、この工場の絵まで描いて説明した。また、日本各地の飛行場の弱点までも語ったりする。そういう重要機密事項を聞き出すために、アメリカ軍は捕虜を拷問や強制はしないのである。当然その告白後にアメリカ軍はその軍事施設を攻撃するのだから、日本人のなかに死傷者がでるのだが、そのことまでは捕虜たちは考えていない。いや、考えようとしない。
なぜなのか。この書の著者の中田整一は、日本の軍隊のなかに人間的な感情、人間的なつながりがないから、アメリカ兵に出会って感情の機微にふれたときに、日本兵はすべてを話すようになるのではないかと推測している。人間味を求めているということであろう。

特攻や玉砕とも関係があるが、日本兵は「捕虜になるなら死ね」という教育を受けている。これは明らかに、二十世紀共通の人類の理念に反する思想であり、それを戦時体制では一方的に強制した。そのことがマイナスとして出てきたのではないか、というのだ。すべてを告白するのは、間接的に日本の軍事指導者たちへの批判、そしてその指導者に騙《だま》されている日本国民を戦争のくびきから解放することを裏づけているのではないか、と私には思えるのだ。

そのような指摘は、アメリカの書物にも書かれている。

K・マイク・マスヤマは、日本で育ち、その後アメリカに移って市民権を得た。現在はアメリカ人としての生活上の倫理をもっているのだが、父親の死後、その手記を入手した。父親は日本兵で、硫黄島《いおう》でアメリカ軍の捕虜になった。その手記によると、捕虜になってはいけないと戦陣訓で教えられていたにもかかわらず、実は将校たちのほうがすぐに捕虜になっていたというのだ。マスヤマはその著書で父親の手記を紹介している。

米兵たちが忙しそうに動き回っている。車から降ろされてテントの中へ連れていかれるまでのわずかな間に、バラ線の向こうから妙な視線が注がれているのを感じる。

それもひとつやふたつではない。目を移してみると、だぶつき気味ながら米兵と同じカーキ色の服装をしているが、何となく見たことのあるような人間の群れがいる。ポケットに手をつっこんで、並んでバラ線越しに自分の方をじっと見ている。どうも日本兵のようだ。ずいぶん多い。三〇〇人もいようか。自分のように汚い格好をした者はひとりもいない。歩けないような病人もいない。

皆、顔色がツヤツヤしているようだ。彼らは一体ここで何をしているのだろうか。

「なんだ、お前！　今までどこに隠れていたのだ。なぜもっと早く塹壕《ざんごう》を出てこなかったのだ」（K・マイク・マスヤマ『硫黄島　日本人捕虜の見たアメリカ』ハート出版）

兵隊たちには捕虜になってはいけないと命じながら、将校の一部はいとも簡単に捕虜になっている。この欺瞞《ぎまん》的な日本軍の姿をどうしても伝えたいと思ったマスヤマは、この内容が批判を浴びようとも、とにかく一冊の本にまとめたという。

自省に欠ける軍事指導者

太平洋戦争を論じるときに忘れてならないのは指導者たちの責任だが、海軍の場合、その責任のあり方を教えたのがはからずも二〇一〇年四月に刊行された「小柳資料（正確には『帝国海軍　提督達の遺稿　小柳資料』上下　水交会）」である。

この書は、昭和三十一年から三十六年まで、海軍の一将官が、生き残っていた海軍の将官、四十七人を訪ね歩いて、インタビューした書である。関係者が亡くなったということで、この年に一冊の書としてまとめられた。

このなかで、開戦時の海軍大臣・嶋田繁太郎が奇妙な論理を口にしている。

東京裁判において、私始め海軍からは一名も死刑を出さなかった。これは、海軍が悪くなかったことが認識された結果だと思う。裁判中私は天皇のため、また海軍のため最善を尽くして弁明に努めたが、一身上のことに関しては弁解をしたことがない。東京裁判がすんだとき私の責務は一応終わりを告げたので、その時自決のことも考えたが、若《も》し自決でもすればすぐに諸外国から「それみろ、日本海軍は悪かったからだ」と後ろ指を指される結果となるので思い止《とどま》った。

嶋田は、東京裁判で海軍から死刑を一名も出さなかったから、われわれは間違っていなかったと言い切っている。何とも奇妙な論で、これは明らかに海軍指導部の責任逃れの弁である。相手側から責任がないといわれたことは（法廷での糾弾は必ずしもそうではないのだが）、逆にいえば日本国民からみてあの戦争は何だったのかということにもなる。さらに、天皇のために一生懸命弁解したといっているが、それは自己満足的な充足感でしかない。このような責任逃れが、海軍の軍人たちに共通の意識だといわれかねない。

一方、米内光政海軍大臣のもとで昭和十九年八月に海軍次官になった井上成美は、この書の中で注目すべき発言をしている。すでにこのエピソードは紹介しているのだが、井上のナマの証言を引用しておきたい。


八月私が次官に着任して間もなく、大臣から「陛下から燃料の現状を御下問になったので奉答のための資料を」とのお話があり、燃料局長にその目的を告げて資料を求めたところ「本当のことを書きますか」と尋ねるから「変なことをきくネ、陛下に嘘を申し上げられない勿論《もちろん》ほんとのことさ、なぜそんなことをきくのか」と問うと「実は嶋田大臣のときはいつもメーキングした資料を作っておりました」と答えた。（前掲書）

私はこの証言ほど重要な内容はないと思う。それゆえにくり返して論じることになるのだが、天皇は飾り物だったという告白に通じるのだ。つまり、海軍大臣だった嶋田は戦時下にあって、天皇に偽りの資料を作成して提出し、戦局を説明することが慣例だったのである。

その嶋田が、一方では天皇のために弁解したと言い放つ。

統帥権を笠《かさ》に着て、天皇の名において戦争しているにもかかわらず、彼らは天皇には本当のことを伝えていなかった。この事実は何を物語るのだろうか。結論風に言ってしまえば、前述の陸軍の東條も、そして海軍の嶋田も軍事指導者の立場にありながら、この国をどの方向にもっていくか、歴史的に自らに課せられている役割は何か、そしてなにより国民に対してどのような責任を負っているか、それは考えていなかったというのである。無責任そのものである。

この点、文官の閣僚の、たとえば賀屋をとりだしてみると、国民には相応の謝罪はしている。晩年に書いた前述の書のなかで次のように自省する。

　大東亜戦争の開始の決定に参画したことは、私としては実に遺憾千万なことである。しかし私としては国家のためにその危険を排除すべく全力を尽くした。非常な大失敗であるが、主観的に言えば、努力と考え方においては非常に大きな過ちを犯したとは思わない。それからそのことの国家に対する責任、いわゆる真の意味の戦争責任についても、私は自覚があり、若干はその自覚に基づく不十分ながら行動もしていると思う。

　しかしながら国民に対する重大責任を感ずる身でありながら、十年の牢獄生活（保阪注・巣鴨プリズン）も無事に過ごし、さらに二十年以上の余命を保って、穏やかに老後を過ごしているということは、あるいは望外の幸せであるかもしれない。（前掲書）

軍事指導者にはこうした自省が欠けている点に、近代日本の軍事機構そのものに問題があったことがわかる。戦時下の無責任は、戦後の言動のなかにもあらわれているということだ。

歴史を検証する眼

本章の冒頭に述べた太平洋戦争を起点から見る「B」の立場でこの戦争を総括すると、連合国と物量差があったから負けたという視点が出てくる。その延長線上にあるのが経済成長、つまり日本を経済大国でなければならないとした戦後日本の進路の軸であった。

これは戦争が持っていたマイナス部分をプラスに変えていき、その体制を民主化していこうという考えである。戦争総体を反省という時点から出発し、それを戦後社会に活《い》かしていこうという、戦後六十六年、国民的な了解事項がこれだといってもいいだろう。

しかし今後は、太平洋戦争に関して「皮膚感覚」をもっていない世代が増えてくる。その世代の人たちは「記録」で過去を見るから、冒頭で述べた「因」と「果」の関係性がわからなくなってしまうことが往々にしてある。

その端的な例が、憲法改正問題であろう。改憲を主張する人の多くが、憲法がもはや実情に合わなくなっていると主張している。それは「果」の矛盾をいっているわけだが、それを生み出した「因」に関してはまったく言及していない。この「因」の部分を理解しないで憲法を変えたときに、日本は再び危険な存在になるのではないか、と私は危惧《きぐ》している。

　もう一つの見方、終わった時点から見る「C」の立場では、どんな形で戦争が起こったかを見つめる点に特徴がある。その場合に重要なのは、戦争が終わるまでの間に伝統的な日本文化がどう変質したのか、あるいは抹殺されたのかという問いを発することだ。

　たとえば、理性的なものの考え方が、学校教育のなかでどのようにして抑圧されていったのか、あるいは皇国史観が蔓延《まんえん》していくなかで、市民や国民といった概念がどのように抹殺されていったのか、またそれはどのような形でこの戦争そのものに反映しているのか。その反映している態様を検証するのがCの立場である。

　われわれが史実を検証するとき、多様な検証の仕方があるが、それでも検証の際の基本的な軸がある。それは、指導部に近い立場の者ほど偽りの証言や弁明のための作為を言っているということだ。

　先述した海軍大臣の嶋田のケースもそうだが、この場合でも、結局資料を直接偽造したのは部下ということになり、責任逃れをした嶋田をはじめとする海軍の高官は一人も裁かれることはない。このようなことは「B」の立場からは見えてこず、やはり「C」の側からでないと見えてこないのである。それは指導者の個人的な意思が巧みに組織のなかで霧消されることになり、責任が曖昧《あいまい》になる実態でもあった。

本書は昭和史の七大事件をとりあげているが、事件と称しつつ、そこに存在した個人の顔を表出させて事件を見るという試みを行っている。太平洋戦争から浮かびあがる東條英機や嶋田繁太郎に類する個人の顔が、太平洋戦争のマイナスを語ることはあっても、それをプラスに転化させることは許されないだろう。

それが最低限の約束でなければならない。

第四章　占領初期・日本国憲法制定と日本の官僚たち

【連合国軍の日本占領】

太平洋戦争終結後、日本が連合国軍の占領下にあったのは、昭和二十年九月二日に降伏文書に調印した日から昭和二十七年四月二十八日に前年に調印されたサンフランシスコ講和条約が発効した日までである。この間に日本は、天皇の人間宣言、農地改革、日本国憲法の施行など、戦後民主主義の基礎を築き上げる一方、下山《しもやま》事件、松川《まつかわ》事件、三鷹《みたか》事件など不可解な事件が頻発、戦後の混乱に拍車をかけた。

占領期間の大事件、憲法改正

日本にとって、敗戦は初めての体験であった。それだけに「占領」を受けた期間、日本社会は多くの奇妙な事件に出会っているし、民族的屈辱にも出会っている。その意味では、「占領」そのものがひとつの事件であった。

この事件のなかでもとくに重要な事象、出来事は、二つのタイプに分けられる。一つは占領政策による民主的な改革である。占領初期の日本軍国主義解体を目ざしての民主的な改革とは、旧憲法の改正、一切の軍国主義の解体、さらには農地改革に見られるように、旧体制の日本社会の革命的変革である。そしてもう一つは、GHQ（連合国最高司令官総司令部）が日本社会を変えるために起こした不透明な出来事がそれにあたる。昭和二十四年に相次いで起こった下山事件、松川事件、それに三鷹事件などは、日本社会に共産主義勢力がはびこるのを恐れた、たとえばGHQの下部組織の謀略ではないかとの声もあった。この種の謀略事件ではしばしば犯人が初めから想定されていて、共産主義運動を弾圧するための事件、事象だとされた。

日本人と日本社会はこのような二つの事象、出来事に出会うことで、現実の政治の動きは決して甘いものではないと知ったのだ。それだけではなく、理想と現実の間には常にギャップがあり、それを知らずに論を吐いたとしても極端な理想論に走るか、それとも現実肯定に憂き身をやつすことになるとの知恵も身につけた。それが「占領」をくぐり抜けた戦後の実感でもあった。この実感を、私たちはこれまでも多くの書によって知ってきたが、ここではまったく新しい視点、新しい史実などを紹介しながら、占領という時間枠に身を置いた世代は何を学んだのかも考えてみたいのだ。

そこで、この占領期の事件として、明治憲法から現在の憲法改正にかかわりをもった日本人関係者の声を通して、国の根幹である憲法改正がどのような状況で行われたのかを確かめてみたい。とくに現在の憲法九条は、今の解釈がどうあれ戦争放棄を正面から謳《うた》っていたことはまちがいない。なぜ軍人のD・マッカーサーがこのような戦争放棄の条文を認めたのかを考えていくと、実はマッカーサーは一九三五年のフィリピン憲法に「侵略戦争の放棄」を入れることに成功したという経歴が浮かんでくる。当時のマッカーサーは、フィリピン大統領の軍事顧問であった。

ワシントンからの国策をもとに日本統治にあたった司令官マッカーサーは、「アメリカ文明のアジアへの移植には格別の使命感をいだいており、戦争放棄条項を含む平和主義と民主主義の憲法をアジアに植えつけることに違和感はなかった」（五百旗頭真『日本の近代6　戦争・占領・講和』中央公論新社）とみられていた。マッカーサーの個人的性格とは別に、日本占領にあたっての最大のネックは、連合国の間で昭和天皇を弾劾しようとする国際世論が大きかったことだ。それだけに日本の旧憲法は改正しなければならない、新しい非武装の国家にならなければとの声が大きかったのだ。マッカーサーは、これに応《こた》えざるを得なかったという側面もあった。

このような状況を踏まえて、占領体験のなかでもっとも大きな事件として憲法改正を見ていくことにしたい。すると、そこからはさまざまな形の日本人の姿が見えてくるのである。そこで占領期から三年を経てのある風景から、まずは入っていくことにしたい。官僚たちが占領期にどのような形で、ＧＨＱ側と戦ったのか、そのことを中堅官僚たちが回顧しているのだが、証言を以下に生のまま紹介していく。

七人の官僚が明かした憲法制定の裏側

昭和三十年二月十五日の午後、国会図書館長の金森徳次郎《かなもりとくじろう》の室に六人の官僚が集った。官僚といってもすでに四十代後半から五十代にさしかかっていて、それぞれの属する省庁の要職に就いている人物ばかりである。ただ彼らに共通していたのは、昭和二十年九月から二十一年、二十二年と対ＧＨＱ交渉にあたった体験をもち、とくにこの日は日本国憲法制定の裏側でＧＨＱと交渉にあたっただけでなく、国会での憲法論議では金森を補佐して想定問答を作成する役割を果たした官僚たちの集まりだった。

金森は、吉田内閣での憲法担当の国務大臣だったのである。

この日の記録はテープに録音され、談話録としてまとめられた。国会図書館の憲政資料室の歴史記録として残されることになったのだが、談話録自体ははじめに「外務省参事官山田《やまだ》久就《ひさなり》氏談話」と書かれていて、山田久就を囲んで金森徳次郎、入江俊郎《いりえとしお》（最高裁判事）、藤田《ふじた》嗣雄《つぐお》（国会図書館専門調査員）、土屋正三《つちやしょうぞう》（元内務省）、佐藤達夫《さとうたつお》（元法制局）、角倉志朗《すみくらしろう》（元宮内省）が、自らの歴史的体験について談論風発を試みた形式になっている。憲法制定の裏側をなにも大仰に堅苦しく語るのではなく、遠慮のない仲間どうし、自由に語って次の世代のためにも記録にとどめておこう、ということなのだろう。

したがって、憲法前文に「主権在民」をいれるよう要求するGHQ側の意向に、日本側は「主権」の代わりに「至高」という表現を用いようとした経緯や、それを怒ったGS（民政局）のチャールズ・L・ケーディスが、「われわれは天皇を軍法会議にかけることもできるし、東京裁判の証人に呼ぶことだってできる」との威圧をかけたことなども金森の口から率直に語られている。「あれは怪《け》しからん」と言いながら、ケーディスの威圧を受けたときの日本側の様子について、次のように語ったりもするのである。

「仲間の顔はみな青白い顔をしている。（主権在民という表現を拒む）それがために天子様が牢屋に入る、それでは困ると思って、僕らの責任にもなるからね。だから譲歩したんですよ。

そこはよく覚えている」

こうした意外な感想や知られざるエピソードが、この談話録には収められている。録音テープの存在は、昭和五十二年に一部の研究者に公表され、要望があればテープを聴くこともできたとされているが、しかし一般には、その存在もこの談話録も知られているわけではない。二〇〇四年十月に、この談話録を長年手元で保存していた山田久就の長男久俊が、憲法制定にかかわった日本側の実務官僚の姿を理解してもらうために、あえて公表に踏み切り、そして紹介することになった。

「この談話録を読むことで、憲法制定に携わった日本側実務者の考え方、そしてGHQ側にあって日本との交渉にあたったケーディスなどの真摯《しんし》な姿を知っておくべきだと思う。私は、父親との縁を通じて、ニューヨークでのビジネスマン生活時代にはケーディスと交流を持ちましたが、彼らニューディーラーの持ち込んだ民意尊重はそれなりに評価すべきだと思う」

山田はこのように公表の意図を明かしている（山田のこの考えにもとづいて、私が月刊『文藝春秋』二〇〇四年十二月号に発表した。本稿はそれを補筆したものである）。

全面改定ができない憲法改正条項

二時間余に及ぶ七人の対談は、四百字詰め原稿用紙百三十枚にまとめられている。金森を中心に憲法制定に至る苦労話が中心だが、そこには一本の芯《しん》が通っていることもわかる。この談話録の末尾で、この憲法はいつか新しい感覚でつくり直さなければならないときがくるだろうという点で、出席者の考え方は一致しているのだが、その改正について、金森は、次のように証言している。

「日本の問題を真面目にみると、いちど御破算にして、それからもういちど生まれ直すような努力をするという考えが、実は本当かもしれんという気がする。しかしそれはできないから、膏薬《こうやく》貼り、あるいは膏薬も貼らずに理屈だけの説明だけでいくということもひとつ、とにかくなんとかしなければならない」

この憲法を変えるとすれば、成立の経緯を含めて、なぜこのような憲法がつくられたかの歴史的背景を根本から考えなければならないというわけだ。だから金森は、「明治憲法に回帰するというのは無理」とも話している。金森をはじめとして、制定の裏側で動いた官僚たちは、この憲法にはおかしい点がいくつもあると認めつつ、しかし条文を精査すると全面改正ができないようになっているという認識でも共通していたようだ。次のようなやりとりが明かされている。

藤田　将来、国民の発意によって、（新しい憲法案が）できたり、そこから初めて出発する、それで改正されないならば、日本はいつまでも現在のままでいく以外にないでしょう。それでこんどできるのは、実質的な制定だけど、今の憲法の改正でいう形式上改正で行くわけでしょう。しかしこれは条項（保阪注・第九十六条）が一部改正の規定ではありませんから、制定というものを多分にいれておかないと、あの条項では全文改正まではいきません。

金森　（そういう判断では）革命的な方法によらなければ改正はできないということになるね。

藤田　理論としては、一部改正はいいです。でも全部改正はできませんね。あの改正条項には「この憲法と一体を成すものとして」云々《うんぬん》と書かれている……。

金森　まあいろいろ大きな問題として考えるところが残っているような気がするのだけれど、あまり深入りして考えないで……。

七人の感想として、本来なら占領期を終えて憲法を新しく制定するのが望ましい。しかし、そのためには国民も含めて多くのエネルギーを必要とする。日本にそのようなエネルギーが生まれなかったという点では共通点があり、なにより改正条項のなかに、全面改定しての新しい憲法の制定ができないようになっているとの理解があることがわかる。これは今の憲法のなかに巧みに盛りこまれた〝地雷〟のようなものかもしれない。

それを口にするにせよ、しないにせよ、そこに集まった官僚たちの共通の不安だったのである。

一連の流れから浮かびあがる不透明さ

そこで、この談話録をもう少し詳細にレポートする前に、現在の憲法が制定されるまでの経緯をなぞっておくことにしよう。

昭和二十年八月十五日に、日本はポツダム宣言を受諾することで敗戦を受けいれた。その後、アメリカを中心とする連合国による占領支配を受けることになったが、アメリカは日本に民主化政策をもちこみ、そのような政府のもとでの旧体制解体を企図したが、当初は憲法改正そのものには特別の意思を示していない。日本側としては、憲法改正もいずれ政治日程にのぼるとみて、元首相近衛文麿のように独自に動く者もあった。しかし近衛の動きにGHQは不快感を示し、つまりは幣原喜重郎を首班とする内閣のもとで、幣原首相がマッカーサーから憲法改正に着手するよう勧告を受け、内閣として取り組むことになった。

幣原首相は、その作業を松本烝治《まつもとじょうじ》国務大臣に命じた。松本は元東京帝国大学法学部教授だった。松本委員会（正確には、憲法問題調査会）は、改正の骨子を明かしたが、それは旧憲法をほとんど実質的に認める内容でもあった。こうして昭和二十一年一月には、甲案（松本がまとめた旧憲法の字句を一部手直しした案）と乙案（調査会委員による自由主義的な案）がまとめられ、この内容について閣議でも検討が加えられた。ところが、二月一日に毎日新聞が甲案の内容をスクープという形で報じることになった。全体が七十六条から成るのだが、そのうちの三十九条が旧憲法と同じで、天皇主権の君主国家だとの内容を暴いたのだ。

日本政府への不信を強めたＧＨＱでは、マッカーサーの指示をもとにＧＳのスタッフを中心に独自に日本国憲法の草案づくりを始める。二月三日から一週間の間にこの作業はまとめられた。マッカーサーがスタッフに示した三原則があり、これは「限定的君主制、戦争放棄、封建制度の廃止」（キョウコ・イノウエ著、古関彰一、五十嵐雅子訳『マッカーサーの日本国憲法』）だったが、これに沿った形で九十二条から成る日本国憲法案が作成された。

二月十三日に、外務大臣官邸でＧＳの責任者ホイットニーは、外相の吉田茂や松本烝治に、二月八日に日本政府が示した案ではだめだと正式に拒否した。その上でＧＨＱ側の草案を手渡して、これを受けいれるように迫った。その後、日本側はＧＨＱ側に抵抗姿勢を示し、閣議を開いてこれは受けいれられないとの確認も行うが、結局二月二十六日の閣議で、ＧＨＱ案をもとにして憲法を制定する以外にないとの意思を統一し、その作業を進める。松本国務大臣、入江俊郎法制局次長、佐藤達夫法制局第一部長の三人で起草を進めている。

三月五日には、幣原首相は天皇を訪ね、憲法改正に必要な手続き（旧憲法では、天皇だけが国会に憲法改正を提案できる）を説明して、GHQも承認した日本国憲法の草案を報道機関に発表している。草案の内容は三月七日の各紙によって報道され、国民は新しい憲法を知ることになった。

四月からは枢密院の審査委員会、六月には吉田内閣がこの草案を提案、特別委員会などで条文の審議も行われた。その後に条文の修正も論議されている。八月二十四日には衆議院で政府提出の草案が四百二十九対八で可決された。一方で、八月二十六日からは貴族院で審議が始まり、十月六日に三分の二以上の賛成で可決している。そして、一部手直しされた日本国政府提出の草案が議会で承認され、十一月三日には新しい憲法として公布されたのである。

以上が日本国憲法制定に至る大まかな流れとなるのだが、これはあくまでも表面上の動きにすぎず、ここには幾つもの不透明な部分があることも事実だ。毎日新聞のスクープの真相、GHQが一週間で作成したという事実の真偽、日本側とGHQ側との訳文の調整、さらにはワシントンにある連合国の極東委員会の具体的な注文、日本の国会審議での金森国務相の曖《あい》昧《まい》な答弁など、数えあげていけば疑問点は次々に浮かんでくる。日本側もGHQ側も、旧憲法の改正手続きを無視した憲法であることはお互いに理解していたし、さらには本音をいえば、この憲法制定にかかわった者がこれは占領中だけの暫定憲法なのか、それとも占領解除後も日本の骨格になる憲法なのか、その理解も不透明だったのである。

「山田久就氏談話録」は、そうした疑問のすべてにこたえているわけではないが、きわめて貴重な証言が残されている。前述のように、この憲法は厳密にいえば、旧憲法に則《のっと》っての改正ではなかったので、論じだすといろいろな問題点が浮かんでくることが指摘されてもいる。

揺れる天皇の位置づけ

金森を含めて七人の官僚は、いずれも天皇制国家の官僚であったから、新しい憲法草案を作成するのに、「天皇」の位置づけについて、GHQ側の姿勢にとまどいと怒りがあったことがわかる。たとえば、入江は次のように話している。

入江　あの当時の司令部の空気はいやしくも天皇に実質的な意思決定があるようなことをいったら、とても通らん空気だったですね。それはかなり強く天皇のロボット性といってはおかしいが……。（中略）だから（憲法草案に）天皇の権能をもう少し書いたらどうだということを、ある段階で言ったときに、まったくセレモニアルならいいけれどもなるべく動かさないでくれと言われたことがありますね。

佐藤　それで外務相がホイットニーのところへ行って、（天皇の国事行為をふやすように説明したら）ホイットニーが、よかろう、天皇に実質的権能をふやすことは絶対反対だけれども、尊厳性をふやすことはかまわないとなり、外交文書の認証などを入れた。

金森　それで元首のほうはどうだったのか……アメリカが入れるとしたら今の空気も……（考えなければということになったのだろうが）。

佐藤　マッカーサーからすれば、国の長でいいじゃないかということか。

この間の七人のやりとりを確かめていくと、ＧＨＱ側は天皇を国の長（藤田の説明による なら「アト・ザ・ヘッド・オブ・ステート」）までならいい、つまり国の看板ていどならいいとの判断があったことがわかる。金森によれば、それが「シンボル」という語で示されたという。アメリカ側が示した草案にもとづいて、日本側もこの「シンボル」という語を受けいれていく。しかし、そのときに、日本の国際法学者・山田三良《やまださぶろう》は「天皇は国の元首にして国家統一の象徴である」という解釈に日本ももっていくこともできたといっている。もっともこの山田説に、金森は「山田三良説」であったと認めているし、衆議院の審議でも議会からその点を責められたとも証言している。山田三良からは、金森は名ざしで「虚仮《こけ》に言わずんばわからず屋である」とこっぴどく批判されたと言い、その点の不満を愚痴ってもいる。

天皇を元首化すべきとの論は、衆議院や貴族院にも多かった。そして吉田内閣提出の憲法改正案について、天皇の「象徴」をどのように元首化という解釈が可能か、に知恵をしぼった節もあった。高柳賢三《たかやなぎけんぞう》が、大日本帝国憲法下の天皇の認証式が元首としての立場ではなかったと答弁すると、こんどはそれがあたかも吉田首相などが賛成しているかの論が流されるし、金森は高柳の説明はおかしいといって辞意を表明したり、政府部内にも混乱が続いた節があった。

その一方で、吉田は、天皇をロボット化したり、無能力者のような立場に据えるというのは納得できないという論を受けいれて、「世襲財産から得た果実」は天皇の重要な権能でなければならない、それを認めると無能力者になってしまうと言いだしたりしたこともある。天皇を「シンボル」とするとき、その意味をどの点で統一していくかに困惑する様が、この談話録にはおさめられている。このことは現憲法の天皇の位置づけは、制定に至る段階でも明確さを欠いていたことになる。もっとも私見をいえば、それは大日本帝国憲法下で育った世代の視点からということを意味し、新たな世代の目で見れば、「シンボル」と「元首」の間には大きな相違があるように思えるのだ。

天皇の地位については、GHQ側は元首でなければかまわない、あるいは旧憲法下で元首として行った国事行為は認められない、という方針が確固としていたようで、金森をはじめとする日本側の制定に加わった官僚はできるだけ旧憲法に近づけようと腐心した、ということにもなるのだろう。

「事実上」の自衛戦争の放棄

次いで興味をもたれる回想なのだが、彼ら官僚たちは第九条の「戦争の放棄」についてどのように考えていたのだろうか。

金森　自衛戦争はできないというのは、予備知識がなければ言えないことですね。(改正案を) 議会の本会議でいきなり侵略戦争を放棄したばかりでなく、自衛戦争も放棄した。これははっきりと記録がのこっている。

佐藤　今でもその点は私もいじめられる。もっとももう現役は退《ひ》いているのでいいのだが。

金森　その後で吉田さんに少し言い直してもらったけれど……。実はそこで吉田さんに次の機会にはこう答えてほしいとメモをわたしていたんですよ。自衛戦争については、戦力をもたないことになっているから、事実上自衛戦争も放棄したことになったというふうにこたえてほしいと、私としてはこの〝事実上〟に意味をもたせたわけです。

このあたりの金森らの談話を克明に見ていくと、この憲法の条文（第九条）が自衛戦争を否定しているのではなく、日本は軍隊をもたないわけだから「事実上」自衛戦争もできない、といわば「含み」をもたせるのが金森の解釈でもあったことが浮かびあがってくる。この「事実上」という語が速記録におさまっているか否かが重要だ、とも証言している。「僕はいっぺん調べてみたんですよ。かすかにですが入っているんです。ちっとは偉い人が見てもこの含蓄が発見できない」とも証言している。金森にすれば、のちの時代に侵略戦争は当然としても、自衛戦争までを否定はしていないことをかぎとってほしいと伝えたいのだろう。

この点で芦田均《あしだひとし》もまた、憲法改正案論議のあとに刊行した書で、自衛戦争は第九条の第一項だけでみれば可能だが、第二項では交戦権を放棄しているのだから自衛戦争はできないと明記している。金森は、この憲法でいう交戦権について、当時の考え方をきわめて明解に整理している。その証言をまとめると以下のようになる。

あの論議のころは、交戦権とは戦争をする権利と解されていた。外務省が国会での想定問答をつくっているときにも、交戦権とは何ぞや、と箇条書きにしてさまざまな考えをまとめていたけれど、その結論も、戦争をする権利と書いていた。憲法公布後の一九四八年暮れの議会でも、日本には自衛戦争を行う権利はないと答えていた。私はとんでもないことを言うなと思っていた。本当は、自衛戦争論議をもっと詰めて、国会意思を明確にすべきなのにその辺りが曖昧になっている。外務省の論は辻褄《つじつま》が合わないところもあった。結局、あとになってマッカーサーノートがでて、私の見解どおりにはなっている。

交戦権とは交戦者の権利という、大まかな理解が外務省の見解の背景にあったことになる。この点について、当時の官僚たちは「交戦権」の意味を明確にしようと、各国の文献、そして近代日本の政治、軍事指導者の理解など、とにかく詳細に調べたというのである。しかし、明解にそのイメージはつかむことができなかったとの経緯も明かされている。

確かに金森が述べるように、「交戦権」についての解釈は憲法制定時はもとより、現在でもなお不透明なままのこっている。金森がさりげなく強調していた「事実上」という語が、現在に至るまで生きているということかもしれない。

日本側に放たれたGHQのスパイ

ところでこの談話録は、それぞれ当時の事情に精通している官僚たちのやりとりだから、彼ら自身の阿吽《あうん》の呼吸で会話が進んでいるのだが、戦後史のなかに明かされていない事実もまた語られている。たとえば、ＧＨＱ側が、日本政府内部に情報の通報者をつくっていて、そのために重要なことは洩《も》れていたという指摘など、よい例だろう。日本側の松本委員会で作成していた甲乙の改正案も、実はＧＨＱ側に伝わっていたらしい。さらにマッカーサーから示された改正案について日本側がどういう訳語で翻訳したかといったことなども、ＧＨＱは密《ひそ》かに掌握していたというのだ。次のようなやりとりから浮かびあがる。

佐藤　司令部側のスパイ能力というのか、おかしなことがあるんですよ。憲法の、最初にマッカーサーからもらった憲法のその翻訳を外務省で行ったわけですよ。きわめて逐語訳の、たとえば天皇のことを皇帝とかね。これは天皇に対する内閣のアドヴァイス・アンド・コンセントという語が、外務省のガリ版刷りの訳では、輔弼《ほひつ》及び協賛ということ、コンセントは協賛と訳していたんです。これは極秘だったのですが、――そしてこれは邪推かもしれないけれど、松本烝治さんがケーディスのところへ話しに行って、そうするとコンセントにあたる文字がないじゃないか、とケーディスに言われてね、それで松本さんは激論するわけです。コンセントにあたる部分に協賛という語があるじゃないかというわけです。

ケーディスはなぜ輔弼及び協賛とやらないのかというわけですね。それで（私たちも）あとから気づいたわけですが、最初の外務省のガリ版刷りのマッカーサー草案の日本語訳は輔弼及び協賛となっておる。それと同じことをケーディスは言っている。となると、外務省のガリ版刷りはケーディスの手にわたっていたことになる。そういう、スパイといっては言葉はわるいが、彼らの調査能力は非常にすぐれていたということになりましょう。

ケーディスを中心とするGHQ側の憲法担当スタッフは、大日本帝国憲法の英訳も入手しているし、たとえば佐藤などは、「あなたは大学で上杉慎吉《うえすぎしんきち》の憲法論を聞いているから……」とさりげなく言われたらしい。日本側のスタッフは、真剣に我々の望んでいる憲法をつくる気持ちがあるのかまで詳細に調べていた節があるという。

この辺りが占領期の屈辱である。

憲法が制定されたあとになるが、この談話録を所有している山田久俊の父・山田久就がケーディスを自宅に招いて食事をともにしたことがあるという。山田は公式には外務省を代表する一人としてケーディスと交渉を続け、それが終わったあとに招待したことになるが、やはり外務省の官僚とともにケーディスと話していると、とにかく彼は日本側の憲法についての考えを実にくわしく知っていたという。皇室財産についてもメスを入れたがっており、

「連合国としてはこの点について疑問をもっている」と明かしたそうである。
　こうした皇室財産については、憲法制定のプロセスそのものではさほど大きく論じられることはなかった。ただこの段階（昭和二十二年暮れ）では、東京裁判もしだいに重要な段階に入っていて、Ａ級戦犯の被告たちの反証が進んでいた。天皇制を支えた政治、軍事指導者たちが皇室財産にどういう関わりをもっていたかを、ケーディスやその調査スタッフは密かに調べていた節があったという。

「主権在民」と「文民支配」がＧＨＱのキーワード

　もう一度憲法制定プロセスに話を戻すと、ＧＨＱは日本の非軍事化を促すために「シビリアン」が政治指導者になるべきとの強い考えがあったという。日本の軍事指導者に対する不信、そして、軍人はどのような形であれ日本の指導部に入ってはならないとの強い信念があり、「文民」あるいは、「文民支配」という語を条文にも盛りこむよう要求した経緯も明かされている。

土屋　（シビリアンとは何かを）ＧＨＱに聞きに行っています。それでどのような説明を受けたのかはわからないけれども、まあそれはイギリスの解釈で、坊主となんとかだけのことをシビリアンというんだと聞かされます。だからたとえば、宇垣大将が（現在）内閣を組織してもかまわないと言っていたそうだ。

金森　ああいうことは誰がそういう解釈をするかといったことが問題であってね。（略）

佐藤　文民ということにGHQがあれほどこだわったのかというのも不思議議です。初めは憲法にもいれなかったわけですが、三度も言ってきた。そして貴族院で審議することになってどうしても……（入れなければならなくなった）。

山田　今の憲法からいえば、シビリアンということは、あの考え方というのは、つまり軍権というか、力をもつ者が総理大臣になることを心配して、再び専制支配になるのはいけないんだということでしょう。といってもあの時分は憲法からいっても軍隊というものはないわけですから、職業軍人の経歴はパージ（公職追放）と結びついていたのが実際でしょう。（略）結局、職業軍人をすべてパージにしなければ、日本の軍国主義復活があるという結論に達してたことは、僕は知っているんだ。

GHQや極東委員会には、「主権在民」と「文民支配」の二つのキーワードがあり、とにかくこれが新しい憲法上の柱になるとの姿勢があった。この談話録を読んでいくと、準法律的にはこうした語の規定はかなり難しいというのが、マッカーサーの基本方針であり、その内容を本国政府などに詳細に伝えている節があったとも明かされている。

ケーディスには日本の官僚はほとんどの者が会っているし、憲法制定にあたってはGHQの窓口でもあったから、それぞれ自らの人物評をもっている。この談話録の公開を許した山田久俊は、戦後はビジネスマンとして二十年近くニューヨークに滞在した体験をもっているが、その折になんどもケーディスと会ったという。いわば信頼される日本人ということになる。山田は述懐する。

「ケーディスは、典型的なアメリカのインテリだと思います。彼は、日本という国に近代市民社会のルールや規範をもちこみたかったと思う。本来、そのようなことを他国に押しつけるのは、彼の本意ではなかったでしょうが、しかし日本社会の軍事主導体制はどうあれ解体しなければとの思いはもっていた」

ありていにいえば、一九五〇年代、六〇年代にニューヨークで弁護士生活（帰国したマッカーサーの法律顧問も引き受けていた）を続けながらのケーディスの心境は、日本がいつ自らの手で彼らの作成した憲法を、のりこえるかに関心があったようだ。

金森は、その後アメリカを訪問したときにケーディスが訪ねてきたという。ケーディスは、「お前のことをマッカーサーはワンダフル・ディベーターといっていたぞ」と話したそうである。金森はさらに「（彼には）あり余る理解力があり、自分たちの目的を達するために用いる手法は複雑であり、自分は彼の本心はわからなかった」とも述懐している。

山田久就は、「彼はニューディーラーであれ、コミュニストではなかったね。確かに進歩的な側面はもっていたけどね」と言う。佐藤も「何かというと、自分はコミュニストではないとしきりに言っていましたね」とも補足している。憲法制定に至る日本側の小委員会には、進歩的な人物も加えろと言ってきたそうだ。山田がケーディスの示すさまざまな人物のリストを一蹴《いっしゅう》したために、ケーディスは怒りだして「それではコミュニストでもいいから入れろ」と言いだしたこともあったという。山田は、「コミュニストであれば、インテグリティが保持できないし、憲法そのものの性格も変えることになりかねないけど、それでもいいのか」と開き直ると、ホイットニーと相談してきて、「コミュニストは入れなくてよい」と折れたとのエピソードを明かしている。

新憲法は本当に一週間でつくられたのか

憲法改正案をめぐっては、日本側からも徳田球一《とくだきゅういち》、志賀義雄《しがよしお》、野坂参三《のさかさんぞう》、羽仁五郎《はにごろう》などの共産党系人脈、さらに政治評論家の御手洗辰雄《みたらいたつお》などの自由主義者グループもまた、ＧＨＱの将校に働きかけを行っていたらしい。それがどの程度の影響力を行使したかは明らかになっていない。ただ金森の次のような発言は参考になる。

金森　割合にあの草案（注・ＧＨＱ作成の草案のこと）は、よくできているから、そんなに五日や六日で簡単にできないという気がしてしょうがないんだ。

佐藤　とにかく裁判官の国民審査の条文のオリジンをケーディスに聞いたら知らないんだ。でもミズーリ州あたりではもう出ていたんだね。（略）

入江　そういう素材が幾つか学者のところから届いていてね、それらを適当にアレンジしたんじゃないでしょうか。

金森　そういう気がする。

日本側が示した松本案に、ホイットニーやケーディスは激怒したというのがこれまでの通説だった。実際に、松本案は大日本帝国憲法の骨格はそのままのこし、条文をわずかに手直ししたにすぎなかったからだ。これを怒ったホイットニーやケーディスは、ＧＨＱ側でその骨格をつくると称して、ほぼ一週間で、いわゆるマッカーサー改正案をつくったといわれてきた。

しかし、金森らのこうした証言を今になって検証してみると、実はケーディスらは日本政府内部の内通者を通じて、日本側がどのような案をつくるかよく調べていたのである。そういう動きを見ながら、ホイットニーやケーディスを中心に、民政局のニューディーラーたちはすでにその条文を作成していたのだろう。入江や金森の見解は、法律家の直感としてそのような構図を見抜いていたのではなかったか。この談話録は「憲法づくり一週間」という神話を否定していることになるようにも思える。

曖昧な論点を残したまま戦後続いた憲法

この談話録は、末尾の部分で、この憲法が将来どのように推移するのかを予想しながら議論をしめくくっている。興味あるやりとりである。

土屋　（憲法改正は）平和の時代に憲法を新規につくることはできないでしょうね。

金森　まあ、常識じゃできないね。革命かなんかで……。

藤田　しかしデンマークなんか全部改正しましたからね（注・第二次世界大戦後）。この間、平和の時代に……。そして一院制にして憲法をつくった。まあオランダとかベルギーは一部改正でやっています。ですから一部改正の形で重要なところだけ直すというのがいちばんいいかもしれませんね。

（中略）

入江　普通の国民がそれほど憲法に関心をもっていますか。
金森　評論家がもっているだけで、国民はどうでもいいんだね。……興味本位だね。
（略）何にも知らないからボス政治になっちゃったんだ。

官僚たちの目は、国民を冷たく見離している。占領下にGHQと対峙《たいじ》した者のそれが本音なのであろう。

今から五十六年前に行われたこの談話録において、彼ら官僚たちが、この憲法は将来どのようになるだろうか、と論じたときのここに示された視点は現在の目で見つめるとどのように映るだろうか。ただひとつ言えることは、彼らも五十六年後に刊行される書のなかで、今なおこうした論点が曖昧のままになっている事実に驚くであろうことは、間違いない。

昭和二十二年五月三日の新憲法施行の日、皇居前広場には一万人余の人々が集まって記念式典が開かれた。あいにくの雨模様だったが、皇族や吉田首相をはじめ、各政党の代表が出席した。昭和天皇も自身で傘をさして帽子をふり、参加者の「万歳」にこたえている。この日、この座談会に出席した金森徳次郎も「新憲法大観」と題して日比谷公会堂で講演している。

占領体験のなかでの憲法制定そのものが、この空間でのもっとも大きな〝事件〟だというのは、こうした光景をもさしていたのである。占領空間における、「上」からの憲法改正がその後の国民に受けいれられたという構図こそ、歴史的な「果」ともなった。

第五章　戦後派世代の生理的嫌悪感と六〇年安保闘争

【六〇年安保闘争】

昭和二十六年に日米間で締結された旧安全保障条約を改定しようとした岸信介《きしのぶすけ》内閣に対し、昭和三十四年から三十五年にかけて、それに反対する労働者、学生をはじめとする市民多数が参加した政治闘争。新条約案は昭和三十五年五月二十日に衆議院で強行採決、その後三十三万人にも膨れあがったデモ隊は連日国会に押し寄せ、六月十五日にはデモに参加していた東大生の樺美智子《かんばみちこ》が死亡した。

「昭和」が消えた「六〇年安保」以降

この章では、昭和三十五年の、いわゆる「六〇年安保闘争」を取りあげる。昭和史を俯瞰《ふかん》するときに、戦後に起きた出来事として、この国民的な広がりを持った反対運動「六〇年安保闘争」は、必ず大きく語られていくだろう。時代状況を変えたともいわれるのだが、それはなぜなのだろうか。

昭和三十五年は、太平洋戦争が終わってまだ十五年である。歴史を巨視的に見れば、戦後十五年というのはまだ「戦争直後」と言っていい。

その六〇年安保を語るとき、まず前提となることがある。それは、評論家の柄谷行人《からたにこうじん》があるインタビューのなかで直截《ちょくせつ》に語っている。

僕は昔ある論文（「近代日本の言説空間」『歴史と反復』所収）の中で書いたのですが、たとえば、「昭和」という言葉が意味をもつのは、昭和三〇年代までですね。（中略）昭和三〇年代というと、このように日本的文脈が出てきます。ところが、一九六〇年代というと、何かグローバルになるんです。

昭和三〇年代は、西暦でいえば、一九五六年から一九六五年までですね。しかし、そのあとを、昭和四〇年代とはいわない。一九七〇年代という表現のほうになじみがあるはずです。たとえば、一九六〇年＝昭和三五年ということは成り立つけれども、一九六八年の場合は、昭和四三年とはいいません。むしろ、「昭和」が消えてしまう。

（柄谷行人、小嵐九八郎『柄谷行人　政治を語る』図書新聞）


この柄谷の指摘は、歴史的な意味をもつ貴重な視点である。

つまり、六〇年安保は「昭和三十五年の六〇年安保」という言い方をするわけだが、そこにはグローバルな視点があると同時に、「昭和」という言葉がはらむ、日本に固有の問題があった。昭和三十年代とは、われわれはまだ「昭和」という言葉を踏まえながら社会的事実を見ているのであり、それゆえに「昭和」という言葉のもつ重さもまた存在した。

ところが、そのあとは一九七〇年代、八〇年代という言い方をするにしても、昭和四十年代や五十年代という言い方はしなくなった。そこから窺《うかが》えるのは、日本社会の問題がグローバル化している、つまり日本が国際社会の枠組みのなかに取り込まれているということだ。

そういう意味でも、昭和三十五年の六〇年安保は、グローバル化への変革点になったということもできる。

元号と同じ意味をもつ「戦後」

もうひとついえることは、「戦後」という言葉のもつ概念の変化である。この語の意味がしだいに変容することになった。

昭和三十年代は、太平洋戦争が終わって十年、あるいは十五年という単位で考えることが一般的だったが、それ以降は戦争が終わって何年という言い方は、節目の年以外はそれほど日常的に使われなくなった。

これは、昭和四十年代からの日本社会は、戦後生まれの団塊の世代が社会の中軸に育ってきたからで、彼らにとって戦後何年というのはさして意味をもたない。

つまり、戦後何年という言い方は、戦争を共有した世代の確認の言葉であり、たとえば、現在戦後六十六年もすぎて、戦争体験のある世代が八十歳をとうに超えるようになってみると、戦後という言い方は特定の世代でしか使われなくなってくるのも当然なことだ。

そのようなことから近年では「戦後」というのは元号と同格ではないか、という論者も出てきた。つまり明治、大正、昭和、そして戦後、それから平成と続くのではないか、という意味が含まれている。

これはもちろん、まだ思想的肉付けがされていない段階ではあるが、「戦後」は昭和天皇と平成の天皇の二人の天皇が代弁しているという考え方が採られる。だから、「戦後」は天皇制の元号ではないにもかかわらず、「戦後〇年」という解釈もできるという論者も出てきているのである。

安保は講和条約から始まった

六〇年安保を昭和史上の七大事件の一つとして取りあげるにあたって、まずそれが昭和史上でどのような意味づけがあるのかを考えていかなければならない。

六〇年安保闘争の発端は、昭和二十六年九月八日のサンフランシスコ講和会議の最終日にまでさかのぼる。この講和条約の締結により、昭和二十年九月二日より続いていた日本と連合国による占領、被占領の関係は終わりを告げる。しかし、アメリカはすぐに日本に独立国としての権限を与えてはいない。

たとえば、講和条約のあとに日米間で結ばれた「日本国とアメリカ合衆国との間の安全保障条約」は、軍隊を持たない日本にかわり、アメリカの軍隊が日本に駐留することを認める内容である。日本は独立を回復したにもかかわらず、アメリカ軍の駐屯する基地は基本的には治外法権で、国家主権など関係なく、アメリカの法律が支配することになった。

昭和二十七年四月二十八日よりこの条約が効力を発揮して以来、日本の国土のなかにアメリカの法律がまかり通る租界地ができあがったのだ。

アメリカに一方的に都合のいいようになっている片務的な条約を、双務的に改正しようというのが、「六〇年安保」の建前だった。ただその理論は、岸首相に代表される戦前からの軍事主導体制のなかの論理であって、戦後の空間がつくってきた戦後民主主義の論理とは少々異なっていた。岸首相の論理の欺瞞《ぎまん》性と権力者の傲漫《ごうまん》さに人びとが気づいたために、あのような運動になったと私は考えている。

加えて岸信介首相は戦前、東條内閣で商工大臣をつとめ、開戦詔書に署名した人物だった。そのために戦後、A級戦犯容疑者となるが、七人のA級戦犯が処刑された翌日、昭和二十三年十二月二十四日に釈放されている。当日は岸以外にも、児玉誉士夫《こだまよしお》や笹川良一《ささかわりょういち》、ほかに東條内閣の閣僚なども釈放された。アメリカを中心とする連合国はなぜ釈放したのか。そこには多くの疑問も残されている。一説では、アメリカにとって「使いやすい人物」だったから、あるいは戦後の冷戦構造のなかでアメリカの言いなりになるからという論も囁《ささや》かれている。

そして岸は、昭和三十二年に首相になった。首相になった彼が最初に行ったのは「警察官職務執行法」の改正である。これは治安維持法の復活に似ていて、警察官個人の権限が異常なほど強くなるため、当時、「デートもできない警職法」と揶揄《やゆ》されるほど、評判の良くない法律だった。

結局警職法は、野党や国民の反対で潰《つぶ》れてしまったが、岸はこれに代わって安保条約の改定を政治プログラムに乗せたのである。このときに岸が考えていたのは、東西冷戦下で、日本が極東アジア地域で軍事的にも、政治的にも、経済的にもアメリカと同じ立場の国家になるということだった。それは、とりもなおさず大日本帝国を復権してアメリカの同盟国になることだった。

一方アメリカも、ソ連、中国など社会主義陣営と対峙《たいじ》するなかで、全世界をアメリカの軍事力でカバーするのはムリがあるので、とりあえず極東アジアは日本に代理となってもらおうとの意図があった。つまり双方の思惑が合致したのだ。

生理的嫌悪感が国民を動かす

もっともこういった政権上層部の考えを、すべての人が理解していたわけではない。では、なぜあの当時、安保反対があのような広範な運動になったのか。そこには、岸首相に対する一般国民の生理的な嫌悪感があったと私は考えている。この生理的嫌悪感は、そのときの社会が抱えている問題を本質的にかぎ分ける嗅覚《きゅうかく》だといっていい。国民にとって、戦前の体制下にあって、為政者の進める政策を容認するだけの態度こそ最終的に戦争にゆきついて大変な目にあったとの思いがある。岸首相はその体質を代表しているために、生理的な反撥《はんぱつ》を覚えたことが第一にあげられる。

さらにつけ加えれば、アメリカにいつまでも「支配」されていることへの生理的な反撥もあった。独立国である日本のなかにアメリカの基地があって、そこには日本の権限が一切及ばないというのは基本的な不満であった。

昭和三十二年（一九五七）には、群馬県にあるアメリカ軍の訓練場で薬莢《やっきょう》を拾っていた主婦をアメリカ兵が射殺した「ジラード事件」が発生した。アメリカ兵によって、まるで動物でも撃つように日本の婦人が撃たれたことに、日本社会の怒りは爆発した。

そのなかで行われた安保の改定に対する生理的嫌悪感が日本中に広まり、その感情を誰もが共有した。六〇年安保がなぜ昭和史に刻まれなければいけないかという理由が、この点にあったのだ。

ただ、生理的嫌悪感で政治が動くと人びとが思い込んでしまったことが、のちのちに大きなツケとなって回ってきた。とくに現在、マスメディアが頻繁に行っている内閣支持率などの世論調査（このなかにはトリックまがいのものもある）が、政局を不安定にし、首相が次々と交代する「因」になったのである。つまり日本社会は、きわめて生理的、感情的に「政治」を見つめてしまうという特質も抱えこんだのである。

学生が主導した生理的嫌悪感

旧安保条約というのは、独立国としてはきわめて屈辱的な条約であり、それを改定するとの名目であったにせよ、反対運動がなぜあれだけ広がったかについて、もうひとつの生理的な反撥を挙げておくべきだろう。昭和二十一年四月に、新しい占領下の民主主義の教育を受けた世代（私はその世代だが）や、敗戦時に小学生でまだ軍国主義教育に染まっていない世代が、戦前の価値観に生理的な反撥をもったのである。教育の現場で、日本がいかに「悪い国」であり、戦争指導を行った指導者がどれほどの「悪い人」であったかが、きわめて感情的に声高に語られた。そのために、そういう教育を受けた世代は、一様に「戦前」に対して好悪の感情を強くもつに至ったのである。

この感情に、社会主義的な関心が加味されて反撥が生まれた。「六〇年安保」の時代の大学生は、だいたいが生理的な反撥をバネにして、社会主義理論を身につけたのである。いかにも日本的といえば、そのように指摘することができた。

さらに、このころには「総評」という労働組合があった。この総評などが中心になって「安保改定阻止国民会議」を組織し、そこに労働組合や社会党や共産党も加わり、政治的な反対運動の枠組みができあがった。

当時の総評は社会主義思想を強力に支持していて、「社会主義になれば人類が幸せになる」と、今思えば牧歌的な思想で運動を進めていた。もっともそれは、日本が戦争に勝てば幸せになるという太平洋戦争の発想とそう変わりはなかった。ただ当時の人々は、社会主義になれば人類が幸せになるという発想を、信じていたかどうかは別にして、そのような論理に一定の支持を寄せていたのは事実であった。

そういった土壌がある上に、岸内閣が昭和三十五年四月、五月の安保特別委員会などで暴力的な議会運営を行ったため、議会政治をまったく無視しているという怒りが国民の間で湧き起こり、反対運動が一層盛りあがった。労働組合の進めた運動が労働者や市民社会のなかの一定の層を動かしたのは事実だが、やはり学生など、若い層が運動にかかわったことにより巨大なエネルギーになっていった。

当時の大学進学率は十パーセントほどで、大学生はエリートであった。その学生たちが昭和三十年代に入って、「左翼」の立場に立ちつつ新しい視点で共産党批判、ソ連批判を行うようになった。そういった問題提起をすることで、学生運動はしだいに共産党と離れていき、全国的な学生組織である「共産主義者同盟」、通称「ブント」という、まったく別の組織を結成するようになった。

彼らは、学生こそが革命の主体にならなければならないと信じて、十九歳や二十歳の学生たちは日常的に革命の前衛たらんとするとはどういうことかと議論していた。そして、昭和三十四年十一月二十七日の安保反対デモでは国会を六万人ものデモ隊が取り巻き、そのうち全学連主流派のデモ隊が国会の正門を破って構内に突き進んだ。この学生たちのデモ隊の国会乱入に、国民会議の指導者たちはうろたえてしまったのである。

しかし、こういった学生たちの行動が、安保反対運動の広がりを生むことになった。当初は商店の経営者や一般市民などに迷惑がられていたが、そのうちに学生たちを支援する輪が広がった。そして昭和三十五年六月十五日の国会を取り巻くデモでは、ブントの学生を先頭に国会突入を図り、機動隊と激しく衝突した。その衝突のなかで、ひとりの女子学生が死亡した。東大の女子学生、樺美智子である。

「聖少女」とその両親

「樺美智子」の名は、ある世代には偶像視されている。私もその世代だが、「六〇年安保」を語るときに、この女子学生の名は常に継承され続けてきた。

「六〇年安保」で亡くなった女子学生。その像について、私は一九九〇年に「六〇年安保」から三十年後という節目で、ある月刊誌（『諸君！』一九九〇年十二月号）に「六〇年安保の『聖家族』　樺美智子家の三十年」を書いた。その稿の冒頭の部分を、今なお私の世代の思いとして一部引用しつつ、昭和の七大事件の主要な登場人物であるという視点で補筆し、その存在を明らかにしておきたい。

「安保闘争」という壮大な祭典に参加した若衆たちはいまや七十代である。経済大国なる社会の中軸世代の渦中にあるものの、行く末にぼんやりとした不安を感じながら、しかし日々追われるように生きてきた。そして老いた。

この世代に属する私もまた、かつては若衆のひとりであった。壮大なる祭典とは露知らず、国会前の熱気のなかで「革命は近い」などと瞬時には信じたこともあった。熱狂と興奮が生みだした白昼夢であると気づくのに、実際のところ二十代の何年かは費したのだ。いや、私たちの世代の誰もがそうであった。その幻想に気づいたときの照れ臭さは、心底にどっしりと沈澱《ちんでん》している。

あの壮大な祭典、あの野放図な儀式から幾年を経て、そして〈聖少女〉、つまり樺美智子の写真を見ることもある。節目のたびに、新聞や週刊誌やテレビで、聖少女の氏名が報じられ、その写真も頻繁に掲載されている。それが目に入ってくる。

木櫃《きびつ》の中から偶々《たまたま》取りだした書、たとえば『最後の微笑―樺美智子の生と死と』という書を開いてみる。これは聖少女の父親・樺俊雄《としお》氏が著した書である。最初の扉で、聖少女が首を横に向けて目を見開き、口を閉じ何かを見据えている。「一九六〇年六月十五日　死の数時間前の美智子さん」という写真説明がある。当時二十二歳だ。むろんもう少女という年齢ではない。存命であれば七十三歳になる。

だが、あの祭典に参加してやはり七十歳前後になった若衆は、じっとこの写真を見つめると、やはり少女の像にしか見えない。もうすでにこの年齢にさしかかっている孫さえもつようになっているのに、写真のなかの樺美智子はやはり政治的な聖少女のままなのである。その聖少女の写真に出会うと、やはり胸が痛む。

一九九〇年の七月三日、夏の暑さはもう始まっていた。この日の午後、東京・西原《にしはら》にある代々幡《よよはた》斎場で八十四歳で逝ったある女性の葬儀が営まれた。花で飾った祭壇には一枚の写真が掲げてある。僧侶《そうりょ》の読経もない。戒名もない。無宗教の葬儀である。

斎場には大正時代の唱歌が流れている。この五年ほど前から東京・杉並《すぎなみ》の病院に入院していたが、老人に共通の症状があらわれるにつれ、故人からは小学校時代の唱歌が口をついてでたという。非礼ないい方をするなら、逆行現象が起こったとすれば、それはもっとも心の落ち着く少女期のとば口に戻ったというべきかもしれない。

新聞にこの女性の死が報じられた。その肩書は「樺光子《みつこ》さん（六〇年安保のとき、国会前で死んだ東大生美智子さんの母）」というものであった。奇《く》しくも三十年目の六月という月に、聖少女の母は逝ったのである。

「娘の死をムダにしないで」

かつての拙稿をなぞりながらの説明になるが、樺美智子は父親俊雄、母親光子の長女として昭和十二年十一月八日に生まれている。四人兄妹の末っ子である。上三人は男子だったが、長兄は誕生から一年余で病死しているために、二人の兄とともに育った。戦時下を沼津《ぬまづ》ですごし、戦後は東京で小学校生活を送っている。中学・高校は父親が神戸大教授に転じたため関西で学んだ。小学校時代の作文などを読むと、利発で感性に富んでいたことがわかる。

母親光子は、六〇年安保当時の報道では、娘が東大文学部自治会副委員長だったことを知らなかったという。国会前の全学連主流派（ブント）と警官隊の衝突によって、娘が死亡したとき、初めて学生運動に加わっているのを知ったというのだ。当時、光子は「六月十五日の朝、美智子が出かけてゆくとき、私は〝危なくないようにしておくれ〟としかいえなかった。ところが、いまでは政治というものの意味が、ひしひしとわかるような気がするし、まず、政治は行動でなければならないとも思えてきました」と新聞記者や雑誌記者に話している。

それは光子の〝政治宣言〟だったのかもしれない。当時の学生たちの母親にはこのようなタイプも多かった。戦時下で「皇国の母」を要求されたことを無念の思いで反芻《はんすう》し、そして新たに自立していくのである。

その後、光子は野党候補の選挙の応援演説にも出かけた。政治思想を学ぶためのサークルにも加入したという。気丈な性格であり、美智子の死に接しても泣かなかった。「美智子は誰のために、何のために殺されたか。その納得がゆくまでは泣けません」とも漏らしていた。「娘の死をムダにしないでほしい」と、反安保の集会や左翼系の集会でも演説した。娘の死によって、彼女は政治に関心をもっただけでなく、政治活動そのものに自ら生活の一部をつぎこんでいった。政党や政治団体が彼女を取りこもうと躍起になった。

唱歌がほどよい音で流れている斎場で、彼女は百人足らずの出席者から献花を受けた。彼女の一生は、あの闘争を祭典や儀式と見る若衆たちに抗議の意思を表すような一生であった。

私たちの世代は、樺美智子とその母・光子を戦後社会の「戦前否定」のシンボルとして記憶している。それが礼儀ということになろう。

美智子の父俊雄は、当時中央大学の社会学教授であった。六月十五日の夜、学者や研究者のデモに参加するために、日比谷野外音楽堂にタクシーで駆けつけている。激しいデモであった。国会に向けてデモ行進を続けている折に「女子学生が死んだ」という囁きが津波のように流れてきて、俊雄の耳にはいった。それが娘だったとは知る由もない。周囲の学生や教授たちと共に、その女子学生に黙禱《もくとう》をささげた。

俊雄は学者のひとりとして、学生が死ぬような事態になるまで手をこまねいていたことに恥ずかしい思いをしたといい、『最後の微笑』のなかには「ここまで事態が深刻になっているのに、研究室に閉じこもっていた自分の不明を心から恥じました」と書いている。一九五〇年代から六〇年代にかけて、良心派教授と称される大学教授のパターンがはからずも覗《のぞ》けてくる。このような大学教授を私たちの世代は何人も見てきたのである。

美智子の死後、俊雄は光子と共に政治思想の研究会にはいったり、美智子を〝左翼運動のシンボル〟にかつぐような集会に出席もしている。しかし、しだいにそのような運動を避けるようになり、集会などには顔をださなくなった。

もともと社会学者として相応の業績をあげていた。史的唯物論の側から社会学理論を構築しようと試みる学者であった。

中央大学から、やがて創価大学に移り、研究に明け暮れるだけになった。なぜ創価大学に移ったのか、それは不明だが、とにかく「娘の名が運動に利用されるのは辛《つら》い」と周囲にこぼしていたという。娘の名を利用する、〝左翼陣営〟の体質になじめなかったのか、ほとんど表にでてくることはなくなった。とくに社会党、共産党、新左翼などの対立、抗争、分裂に嫌気がさしていたとの証言もある。昭和五十五年十二月に七十六歳で病没している。

戦後日本を確立する儀式としての「六〇年安保」

国会内での衝突で死亡した東大の女子学生を聖少女にたとえ、その少女の育った空間を聖家族と見たとき、そこには日本社会の「近代」が凝縮されていることを知る。知的な空間のなかにあって、時代の波にのみこまれた聖少女、彼女は確かに革命を夢みていたにせよ、そうあのとき二十代に入ったばかりの青年たちが七十代に入っている今にして思えば、ふと思い出すデモの姿は、若衆たちの平和祭りという通過儀礼だったのではないか。

その思いのなかで聖少女でありつづける「樺美智子」はある世代とともに生き、そして死んでいく存在でもあった。

今、私は一九九〇年当時に、「樺美智子イコール聖少女」の稿を書くときに幾人かの反対運動の指導者に会ったことを思い出す。彼らも語っていたが、そのときの率直な感想は、あれは戦後社会が通過しなければならない儀式、避けて通ることのできない時間と空間だったのではないかという思いがする。長くなるが引用したい。次のように書いたのである。

私は、あれは戦後日本が政治から経済へかかわるときのエネルギーの発散現象、脱政治へのガス抜き、いやもっといえば「ええじゃないか」運動だとも思っている。歴史の必然、などというういい方でいえば、あれは戦後日本がいつかどこかで通過しなければならなかった儀式だった。その意味では『六〇年（昭和三十五年）』というのはタイミングがよかったのだ。

　戦争が終わって十五年、占領が解けて八年、新制の教育改革による世代が二十歳になっている。六〇年安保の若衆だった世代である。特攻帰りとか予科練帰りとか、血のメーデーとか砂川《すながわ》事件の体験者、山村工作隊の一員だったとか……とにかく若衆にとっては前の時代の政治闘争をくぐりぬけてきたような青年や壮年が、学生運動だとか組合運動などに巣喰《すく》っていた。そういう世代を見て、若衆たちはなにやらなじめぬ肌合いを感じ、デモがひと休みしたときに軍歌を口ずさむ労働組合員を見て目を丸くしたりしたものだった。

　戦後日本の雑多な夾雑物《きょうざつぶつ》をそぎ落とすための壮大な儀式だったともいえるのだ。

　この儀式を終えたあとで、若衆は目からうろこが落ちた。「口先左翼の生活保守」という戦後左翼の卑劣さを見抜いたのだ。樺美智子を聖少女というのは、彼女がその人生のある一瞬で静止してしまったことへの追悼の語であり、彼女がその後の人生で壮大な祭典に参加したことを理解したであろうと思いやるからである。

「六〇年安保闘争」は、聖少女をもつことで歴史の位置を獲得したのではなかったか。改めて私はそう思う。乱暴な言い方になるが、もし聖少女ではなく地方出身の一般の家庭で育った苦学生であったなら、その名は記憶されなかったのではないだろうか。

私は昭和史の七大事件のなかに唯一顔を見せる「女性」を通して、この時代の女性の意識やその生き方を具体的に知ることができた。だからこそ、この女性が個を貫き、革命に命を賭《か》けることになったその存在を、岸信介首相という生理的反撥の対象になった政治的無節操と比較して見つづける必要がある。

いや、政治という「俗」に対して、「聖」という純真さを対峙する構図を抱えこまなければならない宿命を負ったのである。もっとも、それは日本の政治の幼稚さを示すとの感も、老いるにしたがってもつようになったのだが。

第六章　三島事件と戦後社会の不可視空間

【三島由紀夫と楯の会事件】

昭和四十五年十一月二十五日、作家・三島由紀夫と彼の組織した「楯《たて》の会」四人が、陸上自衛隊市ヶ谷《いちがや》駐屯地で東部方面総監を監禁。三島は自衛隊員に決起を促す檄《げき》を飛ばした後、割腹自殺した。三島に続き、三島を介錯《かいしゃく》した楯の会会員・森田《もりた》必勝《まさかつ》も割腹。残る二人は逮捕された。

なぜ三島事件は昭和史に組みこまれるのか

昭和四十五年（一九七〇）十一月二十五日に、作家三島由紀夫が自らの率いる〝軍隊・楯の会〟の三人の会員とともに、東京・市ヶ谷にある陸上自衛隊市ヶ谷駐屯地の総監室を訪れ、自衛隊員にむけてのクーデター呼びかけを認めるよう要求した。益田《ました》兼利《かねとし》総監がその申し出を断ると、総監を椅子に縛りあげ、出入口に机や椅子でバリケードを築いて占拠している。

こうした動きを察知した自衛隊員や職員がバリケードを壊そうと、三島ら四人との間でもみあいになり、日本刀などを所有していた会員により怪我を負った。一方で三島は総監室のバルコニーに出て、檄文《げきぶん》を撒《ま》き、自分たちとともにクーデターに決起するよう訴えた。この演説自体は自衛隊員の野次によって聞きとれなかった。その後三島は総監室に入り、割腹自決をはかったとされている。介錯したのは会員の一人であったが、彼もまたその後に割腹自決をはかっている。

いわゆる三島事件とは、表面上はこのような形になるのだが、この事件はこのときも、そしてこの事件から四十年余を経た今も、多様な見方で語られ続けている。単に才能ある作家が自らの信念（その見方が分かれるのだが）にもとづいて、自衛隊員に決起を促し、それが実現されなかったからといって割腹自決した、と割り切るわけにはいかないのだ。文学者の時代に対する絶望感と見るだけでは、あまりにも単純化しすぎている。

昭和という時代の枠組みと三島の理解、そしてその思想、そこから生まれたこの行動にはどのような関わりがあるのだろうか。その問いが常に同時代人には共有されている、という言い方をしてもいいだろう。私はこの稿で、昭和史のなかの「七大事件」に組みこんだ理由とその意味をやはり明らかにしておきたい。七大事件の理由としては、次のような点が挙げられると考えている。箇条書きにしてみよう。ただこれらの五つの要因はそれぞれ比重が異なっているというのが前提である。

①三島の檄文には単に日本回帰があるのではなく、日本そのもののあり方を問うているという点で戦後社会の意味づけとその改変を迫っている。

②天皇は本来すめろぎという存在であり、人間であってはならない。従って「人間・天皇」という存在が自己矛盾である。

③国を守る、あるいは自らの尊厳（文化）を守る、これは武と並存することによって意味をもつ。それが日本には決定的に欠けている。

④昭和前期の国家改造運動の精神、あるいはその純粋さはこの国の文化・伝統を守る基本的な要因である。それを忘却しての国家改造はありえない。

⑤文学者としてノーベル賞候補者に擬せられるほどの著名人が、その命を賭《か》けて行った行動は常にそれ自体が自己表現であるとの見方もできる。

さしあたりこの五点が、昭和史のなかに刻みこまれる所以《ゆえん》であろう。もとより文学者としては抜きん出た才能をもっていたにもかかわらず、そのような名誉を失っても獲得したかったものがあるはずだった。だからこそ、この事件の検証は必要だともいえる。

昭和史をほとんど否定した三島

事件を昭和史の枠組みで俯瞰《ふかん》した折に忘れてならないのは前述の五点だとすると、私はかつて評論家の松本健一《まつもとけんいち》氏と対談したときの内容を思いだす（この対談は、『戦争と天皇と三島由紀夫』、朝日文庫に収録）。冒頭で三島の「二・二六事件の定義」を分析して、松本氏は次のように語ったのだ。

三島由紀夫さんが「二・二六事件について」という文章を書いております。そのなかで要約されているわずか二行の二・二六の定義というものがある。この二行に、戦後の二・二六事件観のすべてが集約されているように思います。

「もつとも通俗的普遍的な二・二六事件観は、今に至るまで、次のやうなジャーナリストの一行に要約される」という文章に続き、

「二・二六事件によって軍部ファッショへの道がひらかれ、日本は暗い谷間の時代に入りました」

（保阪正康他『戦争と天皇と三島由紀夫』）

と書かれている。

三島はこのような政治的通俗的解釈にまったく納得していないし、こういう見方にひそんでいる矛盾そのものを正す力が戦後社会では失われてしまったと言い、そのことをなによりも憎んでいたことになるわけだ。ここでいわんとすることは――これは私も松本氏もだいたい同意見なのだが――戦後社会の軸になっている戦後民主主義体制を絶対視、あるいは神聖化することは正しいのか、との強力な問いかけである。三島はなによりもこの問いかけを重視し、そして三島は三島なりの方法でそれを全否定（まさにすべてを否定するとの意味だ）して見せたといえるのではないかと思う。むろん戦後社会を全否定、あるいは肯《がえん》じ得ないという人は三島に限らず存在するし、そのための言論活動もまた決して弱いわけではなかった。

だが、三島の論がこの社会に強力な打撃を与えたのは、前述のように著名な作家であるという理由もあったし、あまりにも衝撃的なその死の方法にもまた「因」を求めることができる。さらにより本質的な問いかけは、昭和史そのものを根本から問い直すという訴えがなされていたことだ。つまり三島事件とは、昭和前期の国家改造運動に通底する部分もあるし、昭和中期のＧＨＱによる占領政策そのものをすべて否定しているともいえた。いや昭和後期の理念なき経済至上主義そのものへの強い反撥《はんぱつ》もみてとれた。まさに昭和史の歴史総体が否定されたのである。

三島事件の本質はそこにあったということができた。その本質に気づいたとしても、三島の意見、考え方に賛成するか、反対するかはまったく別である。昭和史の「半否定」という論理、とくに敗戦後のアメリカ主導による民主主義体制に反対しているという意味で「半否定」の立場に立ち、そのことを自らの思考の一角にすべり込ませてみれば、三島は別な形で生き返ってくるともいえるのだ。

実は共鳴していた自衛隊員

事件直後の政治家たちの発言、たとえば当時の首相である佐藤栄作《さとうえいさく》は、「まったく気が狂っているとしか思えない。常軌を逸した行動だ。何が原因なのかわからない」と発言をしているし、自民党の幹事長だった田中角栄《たなかかくえい》は、「この事件は思想家が思いつめた姿の表れだろうが、民主体制の中でこんな問題が起こることは、極めて遺憾だ」と述べている。三島の檄文には、自衛隊員に対してクーデターを呼びかけるだけでなく、日々の自衛隊員としての生活そのものが日本精神と反した方向に進んでいるとの強い示唆もあった。それゆえ、自衛隊員のなかにも心理的に動揺した者があらわれても当然のことだった。
防衛庁長官だった中曽根《なかそね》康弘《やすひろ》は、そういう空気を察したのか、すぐに次のような訓辞を発表している。

今回の事件によって隊員はいささかも動揺することはあってはならない。暴力によって法秩序を破壊することは、民主主義を真向《まっこう》から否定することであり、政治上の問題は政治家の手にゆだねることこそ民主政治の原則であることをあらためて想起し、自衛隊員は国家から与えられている任務に徹し自衛隊員としてなすべき教育訓練に励まなければならない。

この訓辞には強い危機感が宿っている。現実に三島が自決した総監室の入り口には花束が置かれたというが、それはすぐに幹部の手によって片づけられたという。それは、危機感を裏づけている。福島鋳郎《ふくしまじゅうろう》著の『資料総集　三島由紀夫』（新人物往来社、昭和五十年）には、次のように書かれている。

陸上幕僚監部では、隊員に対し極秘の影響力についての調査を実施した。調査対象は、東京および近郊に在隊する隊員約千名を無差別抽出して行われた。その結果、政府当局、および自衛隊幹部等が最も恐れていた回答が寄せられ、大部分の隊員が「檄の考え方に共鳴する」という答えであった。一部にではあるが「大いに共鳴した」という答もあり、防衛庁をあわてさせた。

いわゆる体制側の、こうした法秩序からの逸脱への批判と、野党の批判はある意味では同じ土俵上にあった。社会党はこのような事件に対する声明として、常に同工異曲の内容を発表するのだが、このときもこれは自民党政権の憲法無視の政治姿勢にこそ因があると言った。共産党は軍国主義的、国家主義的宣伝の一端という見方を示した。もとより野党の見方は、その思想的背景からみれば自民党政治の帰結という点に尽きるが、このような政権与党と野党の応酬は、社会秩序という面からいえば当然でもあったのだ。

檄文の三つの骨格

しかし三島事件が、実は昭和史の未消化の部分、あるいは昭和史の空洞に迫っていたのも事実であった。その「檄文」は文学者の筆になる決起趣意書のような内容だが、昭和史に対する批判、いや国民が未消化の部分、その空洞に迫っている箇所が幾つか散見される。その部分としては次のような点が指摘できた。この檄文全体は、約三千三百字に及ぶが、その骨格をなす部分（三島の意図とは別に昭和史の空洞化を指摘している部分の意味）である。

①われわれは戦後の日本が経済的繁栄にうつつを抜かし、国の大本を忘れ、国民精神を失ひ、本を正さずして末に走り、その場しのぎと偽善に陥り、自ら魂の空白状態へ落ち込んでゆくのを見た。政治は矛盾の糊塗《こと》、自己の保身、権力欲、偽善にのみ捧《ささ》げられ、国家百年の大計は外国に委《ゆだ》ね、敗戦の汚辱は払拭《ふっしょく》されずにただごまかされ、日本人自ら日本の歴史と伝統を瀆《けが》してゆくのを、歯嚙《はが》みしながら見てゐなければならなかつた。

②もっとも名誉を重んずべき軍が、もっとも悪質の欺瞞《ぎまん》の下に放置されて来たのである。自衛隊は敗戦後の国家の不名誉な十字架を負ひつづけて来た。自衛隊は国軍たりえず、建軍の本義を与へられず、警察の物理的に巨大なものとしての地位しか与へられず、その忠誠の対象も明確にされなかつた。われわれは戦後のあまりに永い日本の眠りに憤った。

③日本を日本の真姿に戻して、そこで死ぬのだ。生命尊重のみで、魂は死んでもよいのか。生命以上の価値なくして何の軍隊だ。今こそわれわれは生命尊重以上の価値の所

在を諸君の目に見せてやる。それは自由でも民主主義でもない。日本だ。われわれの愛する歴史と伝統の国、日本だ。これを骨抜きにしてしまった憲法に体をぶつけて死ぬ奴はゐないのか。もしゐれば、今からでも共に起《た》ち、共に死なう。

この①②③がいわば戦後民主主義体制への重大な挑戦、あるいは形骸《けいがい》化への憤怒《ふんぬ》という言い方ができるであろう。ここには天皇についての直截《ちょくせつ》な深い表現を用いていないが、しかし「国の大本」「日本の歴史と伝統」「忠誠の対象」「日本の真姿」などは、まさに国体を指しているし、それも単に護持というのではなく、天皇との一体化、といった極点の感情までが窺《うかが》えてくる。この感情への昇華は、二・二六事件の青年将校たちの蹶起《けっき》趣意書にも充分通じている。

青年将校・磯部浅一への関心

三島の二・二六事件に題材をとった作品（『憂国』や『英霊の聲《こえ》』など）は、むろん特定の人物をモデルにしているわけではない。とはいえ、三島をしてこのような作品を書くに至らしめたのには、事件の中心人物であった磯部浅一の存在があるだろう。磯部の獄中手記や日記が、三島の昭和史理解の根底に据えられていたと私には思える。前出の松本健一氏との対談の折に、「三島さんは、北一輝という人物は嫌いですが、磯部浅一は自分とほとんど同じ考えを持っている人物として位置付けている」と松本氏は語ったが、実際に、三島のこの檄文の①②③の部分を昭和史に即して忖度《そんたく》していくならば、次のような流れを辿《たど》っていることがわかるのだ。私なりの理解である。

戦後日本社会は、本来の「日本の真姿（これは天皇を主権者とし、天皇を現人神《あらひとがみ》とする昭和十年代の天皇神権説にもとづく国家を指していると考えるべきであろう。昭和十年の国体明徴運動の辿りついた姿ともいえるのではないか）」をまったく放棄し、ひたすら目前の経済実利主義と唯物主義に走り、その価値観のもとで生きている。諸々とその日々の時間を受けいれている。そのことにより個人が精神を失い、国は外国（むろんアメリカを指しているわけだろうが）の言うがままに動くという状態である。本来、日本の武は天皇に忠誠を誓う神権化した軍隊であるのにそれを忘れ、警察権力の代行機関のような形で終始する有様だ。

こういう軍隊に属している君ら自衛隊諸君は真の日本人なのか。生命を賭《と》して守り抜くべきものがあるのではないか。こんな日本、こんな軍隊にしてしまったすべての根源である憲法に体当たりして、私と生死を共にしようではないか。

大きく俯瞰すればこのようになるだろう。同時に、三島の訴えにはすでに否定された旧軍の組織、その存在、なにより軍人の骨格をつくり上げていた「軍人勅諭」への強い追憶、さらには旧軍の精神性への回帰がよみとれる。同時に戦後の新憲法での象徴天皇の存在、近代的市民の意識、そして高度経済成長が生みだした生命倫理などへの強い嫌悪もまた窺えてくる。いずれも三島事件の起こったこの昭和四十五年には、日本社会では正面から論じられるテーマではなかった。

戦後の日本人は、三島の訴えたことを自らの思考と意識で否定したのではなかった。与えられるまま受けいれて、そして現実を追認することにより、日々の生活に埋没していたというのが正直な姿だった。前述の佐藤首相の声明、田中幹事長の発言、さらには社会党、共産党などの反対声明もその埋没した言であり、三島の訴えたことを「自らの思考と意識で否定したのではない」という事実を示していたと考えられるのだ。そのことを評して、私は昭和史の形骸化、二重構造といい、そこにくさびを打ちこんだとも考えるわけである。

三島の訴えのなかで、とくに重要なのは③にあるように思う。自分たちを真の日本人たらしめていないのは「憲法」そのものにあり、この憲法は日本人を日本人でなくしてしまった。つまり臣民ではなく市民にかえ、その市民の意識を自分たちの日常生活の道具として使っているだけではないか。これでよいのか、これに気づいて命を賭けるのが今の日本人（とくに〝軍人〟）ではないのか、それを自分が見せてやるという論旨である。

これは、五・一五事件や二・二六事件の実行者たちの意識よりもさらに進んだ認識である。どういうことかというと、青年将校を含めての決行者は社会や国家の改造を訴えてはいるが、「自死」をその趣意書のなかに盛りこんではいない。三島の檄文は、「自死」を盛りこみ、実際にその通りに実行することで、昭和前期の一連の事件とはまったく趣を異にしている。そのことに気づいたとき、あらためて三島が青年将校の磯部浅一に関心をもったことの意味がわかる。磯部の獄中手記や日記はまったく死を恐れていなかった。いや死を想定したうえで、残された自分の時間をこの事件を利用している陸軍の新統制派、そして青年将校の志を理解しない天皇に対して呪詛《じゅそ》をくり返すことにあてていたのである（このことは第二部の第二章を参照していただきたい）。

自衛隊による政権奪取の可能性

さて、このような俯瞰図を描いたあとに、改めて七大事件に組みこまれる理由として挙げた前述の五点について説明しておきたい。いずれも「昭和史のなかでは」という前提での分析であり、関連性である。

まず①の三島の檄文は、戦前の日本精神の発露としての社会空間に一定の重きを置いていることを意味しているだけではなく、戦後社会とは何なのかを根本的に問うている。この戦後社会は、時間の流れとして存在した空間ではなく、むしろ「社会の質」を問うているだろう。その社会の価値観、倫理観、さらには歴史観そのものが曖昧《あいまい》であり、いやそんなことを考える機会さえもたず、思考能力さえ失ったといっている点に三島の焦り、そして行動への渇望があった。

三島が総監室のバルコニーに出て、自衛隊員にむかって楯の会の軍服を着て、鉢巻を締めて演説したときに、この前年（昭和四十四年）十月二十一日の国際反戦デーの学生や労働者、市民たちの街頭デモにふれて次のように語った。この内容はテープに録音されている。長くなるが引用しよう。

諸君は、去年の10・21からあとは、もはや憲法を守る軍隊になってしまったんだよ。自衛隊が二十年間、血と涙で待った憲法改正ってものの機会はないんだ。もうそれは政治的プログラムからはずされたんだ。

ついにはずされたんだ、それは。どうしてそれに気がついてくれなかったんだ。昨年の10・21から一年間、俺は自衛隊が怒るのを待った。

もうこれで憲法改正のチャンスはない！（中略）建軍の本義はない！　それを私はもっともなげいていたんだ。

自衛隊にとって建軍の本義とは何だ。

日本を守ること。

日本を守るとはなんだ！

日本を守るとは、天皇を中心とする歴史と文化の伝統を守ることである。

このあたりでは自衛隊員の野次も多い。バカヤローとかお前に何がわかるんだとの声もあった。

しかし、三島の訴えがこの演説のなかに凝縮されているのは事実だ。国際反戦デーでは、新宿をはじめ都内の数カ所で火焔《かえん》ビンが投げられ、まさに武装したデモ隊と機動隊との間で激しい衝突があった。この騒擾《そうじょう》状態を、三島は「左翼革命」の一端と見ていたのだが、その折に自衛隊が出動して、「国軍」としての役割を果たすべきだったと言っているのである。

自衛隊が出動して、の意味は、政府が合法的に命ずるというよりも、自衛隊の側から積極的に出動すべきだったという意味だ。つまり治安出動することによって、政権奪取の可能性があったのにそれを見逃したというのが、三島の演説が主張していた論理であった。そのことは戦後の日本社会の根本的解体であり、それを行ってこそ初めて、自衛隊は戦後社会への異議申し立てが可能になるというのであった。

次の②についていえば、三島は天皇が戦後社会のなかで象徴天皇として、そして神権化した存在から「人間」への変遷を辿ったことに異議申し立てをしている。天皇の存在、それは三島の文学作品にもしばしばあらわれるのだが、神としての存在でなければならない。つまり、この国のあらゆる存在を超えた超然的な存在であるべきなのに、「人間」として国民の前にあらわれること自体、この国の文化や伝統を破壊しているとの考えである。

三島が少年期、青年期から私淑した文人やその周囲の人たちとの交流を見ていくと、そこには日本浪漫派の影響があるだけでなく、純化した天皇の存在への精神的傾斜がかなり色濃く見られる。

私淑していた蓮田善明《はすだぜんめい》が戦地で死亡したが、昭和二十一年十一月にはその偲《しの》ぶ会のあとで刊行された追悼集に、まだ二十二歳の三島は次のような詩を書いたという（前出の福島鋳郎書からの引用）。

古代の雲を愛《め》でし君は
その身に古代を現じて

雲隠れ玉ひしに
われ近代に遺《のこ》されて空しく
靉靆《あいたい》の雲を慕ひ
その身は漠々たる
塵土《じんど》に埋れんとす

この詩にひそんでいるのは、いわば「神ながらの国へ」の深い畏敬《いけい》であり、その畏敬の回路にこそ天皇が存在している、ということではないか。

二・二六事件の青年将校の姿を借りて、天皇が「などてすめろぎは人間となりたまひし」(三島由紀夫『英霊の聲』)と言わせているのも、こうした感性から生まれたのだ。とすれば、三島のこのような感性はこの期の一般の日本人とはあまりにも多くの距離を隔てていたのではないか。

三島事件はその意味では、日本浪漫派の息吹を伝える作家が、戦後社会では窒息しかねない状況にあったことを裏づけているのではないか、とも考えられる。

③についていえば、三島の意図はどうあれ、旧軍復活の勢力が日本社会には常に存在していたが、結果的にその勢力を代弁することになったとの見方ができるであろう。自衛隊を軍

隊、なかんずく皇軍にというその勢力を代弁することによって、三島事件の位置づけもされるのだが、三島は必ずしも旧軍の復活ではなく、「文」と「武」は両立してこそ意味をもつという考えに終始していたといえるのではないか。

「武」はそれ自体で存在するのではなく、国家の主権や国益の守護という面もむろんあるだろうが、三島自身は「文（伝統）」と並存することによって初めて存在しうるとの考えであった。「武」と「文」の共存の上に存在する「天皇」という考え方は、三島の基本的な理解であり、それゆえに戦後社会では独自の思想空間を築かざるをえなかったといえるのではないか。

したがって、④の国家改造運動というその考え方は、具体的な形を生んだ二・二六事件の青年将校に通じているという意味になる。もっともこれは、すべての青年将校に通じているわけではなく、磯部浅一に代表されるような、国体に自らの存在を一体化させ、現実の支配理論や支配原理を憎むとの感情をもつ、その種の青年将校や思想家に関心を寄せるという意味である。

三島にとって、北一輝はその意味では関心はなく、青年将校のなかでも、農業恐慌や政党政治への不満などが主たる要因で参加したグループにもそれほどの関心はもっていなかった。五・一五事件そのものにはそれほど関心をもったわけではないにせよ、その思想を捨てて参加した農本主義団体「愛郷塾」の橘孝三郎へは共鳴の姿勢をもっていた。それは、具体的な行動を伴わない者への反撥から通じていたのではないかと思われるのだ。

この④についての「因」は、今後さらに検証すべき点でもあるように思われる。

⑤は、三島事件の特異性やその特質（たとえば割腹、介錯など）を考えたときに、それは政治的プロパガンダというより、むしろ芸術家の自己表現ではないかとの見方がされる。作家としての「行動」の一形態であり、できうるならば三島を政治的、思想的意味づけからは解放したい論者たちが用いる論理でもあった。表現者としての行動という見方に徹するのだ。ただその場合、この行動に一定の解釈を加えるなら、作家・三島由紀夫が表現の限界を悟って死を選んだことにもなる。三島はすべてのテーマを書きつくして、今や書くことがなくなったという理解をしなければならないが、必ずしもそうとはいえないとの立場に立てば、この論はそれほど強くはない。

生まれるべくして生まれた三島事件

以上のように、昭和史に俯瞰できうる五点を整理してみるならば、三島事件は三島由紀夫という作家の本質やその意図とは別に、昭和史の後期に生まれるべくして生まれた事件だったと考えてみることが必要になろう。戦後社会の形骸化、空虚さは単に思想面にあるのではなく、社会システムそのものにさえ及んでいた（三島事件前の高度経済成長の影の部分がそれを示していた）。昭和史を見つめるとき、そのような状況をいちど私たちは自覚する必要があったということでもあろう。

このように考えていくと、三島事件を昭和六十四年一月七日までの「昭和」という期間の、とくに戦後空間の中間に位置する補助線と考えてみてはどうかと気づく。この補助線を引くことによって、昭和という時代のなかにある、三島事件の重さがわかってくるのではないだろうか。私は、今は分岐点と考えてもいいと総括しているのだ。

二〇一〇年十二月、私はバンコクに行き、ワット・アルン（暁の寺）を丹念に見て回った。三島の遺作『豊饒《ほうじょう》の海』の第三作となる『暁の寺』の冒頭は、このワット・アルンの描写で始まる。私はこの書を手に寺院を見回りながら、三島の観察があまりにも精緻《せいち》なのに驚いた。いや精緻だけでなく、その描写が人間の心理をもとにしていることに改めて感銘を受けた。

三島由紀夫という作家は、すべてのことに直截に、真面目に生きたとの思いもしてきた。もしかすると、そのような性格は、昭和という時代の戦後社会では生きづらかったのかもしれない。そう、「暁の寺」を見上げながら思ったのである。

第七章　田中角栄元首相逮捕という政争・ロッキード事件

【ロッキード事件】

昭和五十一年七月二十七日、前総理大臣・田中角栄が、アメリカ・ロッキード社の売り込みのために商社からの五億円の受託収賄と外国為替《かわせ》及び外国貿易管理法違反の容疑で逮捕された。以降田中は、昭和五十二年一月から十六年十一か月に及ぶ法廷闘争を行い、その間にもキングメーカーとして政界に隠然たる力を持ち続けた。裁判は平成五年十二月十六日の田中の死去により、審理が打ち切られた。

ロッキード事件陰謀説

ロッキード事件は、昭和の歴史のなかでは初めて首相経験者が汚職で逮捕された事件として記憶されている。首相経験者の逮捕という異様さ、異常さの裏には、何かあるだろうと考えざるを得ないのだが、実際に、未《いま》だ公開されていない検事側の資料やアメリカ側の資料もあるというから、軽々な結論は出すことはできないにせよ、この事件には多様な側面があることが、少しずつ明らかになっている。

ロッキード事件とはいったい何だったのか。いろいろ語られているなかの説を整理してみると、①アメリカによる田中叩《たた》き、②日本のエスタブリッシュメントによる田中的政治の排除、③日本国内における田中角栄対三木《みき》武夫《たけお》の政争、④日米間の古いタイプの資金工作——などがあげられる。

また、アメリカのメジャーと呼ばれる大手石油会社が、産油国の石油調整をして世界の資源を支配しているのだが、田中はこれに異を唱えたためにロッキード事件にはめられたのでは、との説もある。これは一見、陰謀説のようにも聞こえるが、実は可能性がないわけではない。現に元首相の中曽根康弘は次のように証言している。

その後もアメリカの国務長官だったキッシンジャー君が来て大激論をやった。彼は日本が「親アラブ」で行くことに最後まで納得しないで帰ったよ。私と田中さんはそのころアメリカで非常に評判が悪かった。大平《おおひら》さんは良くてね。

一部にロッキード事件というものは、そういう「親アラブ」とか、日本政府が独自に石油を取得しようというものに対して、一部のアメリカ人や石油資本が嫌がって、ロ事件にもその影響みたいなものがあったんじゃないか、という人もいるよね。私はよく分からない。そういうことがあり得るかな、という気もするわね。分からない。

（新潟日報報道部『宰相　田中角栄の真実』講談社）

田中は資源外交のなかで、石油メジャーの世界のエネルギー支配に対して異議申し立てをし、そしてそこからはみ出すような行動をとったので、それに対する政治的仕返しがロッキード事件だったとの見方が存在することを認めている。中曽根は情報をよくつかんでいるし、昭和五十七年からの行財政改革を進めた首相でもあるが、その彼が石油メジャーが裏で暗躍していたといった説を一概に否定していないところに真実味がある。

さらにもうひとつ別な意見は、あの当時、ニクソン米大統領の側近であるキッシンジャーが周恩来《しゅうおんらい》首相に会いにいっていきなり米中間の雪解けが始まり、それに呼応する形で日本もすぐ日中友好の段取りをつけていった。だが、田中内閣になると、本来ならばアメリカの後を追う形で日中間の交渉を詰めていかなければならないのに、先走ってあっと言う間に日中友好を軌道に乗せてしまった。日本とすれば、戦後の懸案が解決したことになる。だがそれは、アメリカの世界戦略に対する抵抗という形を採った。事実キッシンジャーは、後にロッキード事件に関する証言のなかで、田中に対してかなりの不快感を示していた。

その意味で、アメリカ側は田中という政治家を警戒していたともいえる。

無作為の国体破壊者

ロッキード事件には、いくつかこうした不思議な疑問点が残されている。ただ、田中角栄がこのような事件に関係してしまったのは、田中自身の弱さの表れでもあった。

佐藤栄作にしろ福田《ふくだ》赳夫《たけお》にしろ、他の首相はこういった事件に連座することはなかったが、田中は違った。そこが、田中角栄の首相としての特異性でもあった。

田中角栄とはどういった人物だったのか。いくつかの特徴的な視点で考えていくことが重要である。

昭和という時代には首相が三十二人いるが、そのほとんどが官僚出身、あるいは官僚に準じるタイプで、しかも東大出身者をはじめとする学歴エリートが多い。しかし、田中の最終学歴は尋常高等小学校卒業、今の制度の中学卒業止まりである。その後、社会での実業に励みながら夜間に中央工学校土木科に通っているが、別に高等教育は受けていない。十代半ばから社会の荒波のなかを渡ってきたわけで、そういった意味でも田中は、他の首相と違って庶民の感覚をもった首相といわれたのである。

田中は、特段の政治思想や政治哲学は持っていないし、さらに天皇に対しても特別に敬ったり、畏《かしこ》まる感情をもっているとは思えない。

たとえば田中がヨーロッパ訪問の折に、アンカレッジでアメリカのニクソン大統領と短時間会見したことがあった。このときニクソンが、天皇を招待するからアメリカを訪問してくれないかと田中に持ちかけた。ニクソンは、ウォーターゲート事件で政治的にかなり苦しい状況にあり、その苦境を打開するために天皇を利用しようとしたわけだ。ニクソンからそう持ちかけられた田中は、気軽に了承し、翌年の三月に訪問させると、いとも簡単に約束してしまった。

この受け答えが、田中が帰国してから大問題になった。通常、天皇の外国訪問は、宮内庁と事前に調整して、しかも政治的外交的な問題を考慮しながら判断するものである。しかし田中は独断で返事をしてしまったので、宮内庁、特に宇佐美《うさみ》宮内庁長官は激高した。

さらに、ちょうどそのころの日米関係は、繊維をめぐっての貿易摩擦などがあり、一部の論者による日本叩きが始まっていて、微妙な時期にあった。

そんなときに天皇を訪米させる約束を首相が一存で決めてしまったということで、田中にそんな発言を許してしまったという責任を問われ、駐米大使が叱責《しっせき》された。しかし田中自身は、宮内庁や外務省の思惑や天皇の気持ちといったものにまったく頓着《とんちゃく》していなかった。

だから、皇居で行われる園遊会のときも、田中は自分の後援者の集まりである越山会《えつざんかい》の各地の会長や会員を何十人も平気で呼んでいた。

また、生まれ故郷の新潟県西山町《にしやままち》に、母親のために家を建てようとしたときに、宮内庁の所有する山林の木を切って建築しようとしたとして、右翼が騒いだこともあったといわれている。

私が宇佐美宮内庁長官（退官後のこと）から聞いたおもしろい話もある。

首相が天皇に内奏するとき、通常は五、六分で終わってしまう。というのも、たとえば天皇が経済状態などについて問いを発し、それに首相が答えたとしても、決して相づちは打たない。相づちを打つことで天皇が首相の政策を肯定したと受け止められたら、それは実質的に天皇の政治参加になってしまうので、聞くだけでうなずいたり相づちを打ったりはしないのである。

そのことを知っている歴代の首相は、天候など当たり障りのない雑談をするので、内奏はごく短時間で終了するのが常である。

しかし田中は、天皇の政務室に三十分もいたと言い、しかも、扇子でばたばた扇《あお》ぎながら宇佐美のもとに戻ってきた。通常は宮内庁長官は同席しないので、このとき心配になった宇佐美長官は、後にそれとなく天皇にそのときの模様をうかがったのだという。

それによると、天皇が「経済はうまくいっていますか」と聞いたら、田中は自分の政策がどうの、貿易収支がどうのと、数字を並べて一方的にまくし立てたようなのだ。それを見て、天皇はかなりびっくりしたらしい。この首相は何を考えているのかと驚いたのだろう。

つまり、田中は天皇を何とも思っていないというべきか、それとも無作為の国体破壊主義者といってもいいのではないか、と宮内官僚は考えていたのだ。

「こんなところで死ねるか」

田中は昭和十三年、二十歳のときに新潟で兵隊検査を受けた。当時、田中はすでに「共栄建築事務所」という小さな建設会社の社長だった。この兵隊検査で甲種合格となり、翌年三月に盛岡騎兵第三旅団第二十四連隊第一中隊に配属され、満州に動員された。

その年の五月十一日にノモンハン事件が勃発《ぼっぱつ》。田中のいた部隊は、満州とソ連の国境の駐屯地に国境線防備のために駐屯した。

ここには抗日中国人が攻撃してきて、皆殺しにされる部隊もあった。常に危険を覚悟しなければならなかった。その恐怖感のなかで田中は、「こんなところで死ねるか」と思ったという。

そう思った田中は、軍隊を抜け出す決意をしたのではないか、と私には思える。いささか非礼な推測ではあるのだが。

軍隊から逃げ出すには三つしか方法がない。一つは自殺する。二つ目は非合法で逃亡する。しかしこれだと、自分は逃げおおせたとしても、残された家族や一族に迷惑がかかる。そして三つ目は、合法的に抜ける方法である。

田中が選んだのは三つ目の方法ではなかったかと推測する元戦友もいる。田中の語る話のなかには戦時下の軍隊生活の話は極端に少なく、兵隊生活を体験している同年代の者は、田中は偽りの病（たとえば結核など）で軍隊を巧みに抜けでることに成功したのではないか、と見ているのだ。実際に後方に戻されて仙台の陸軍病院に入ったが、確かにすぐに元気になったと自伝には書いてある。

軍隊を除隊して、社会復帰した田中は、すぐに事業を再開した。結核の経歴を持っていると、二度と軍に召集されることはない。田中は戦時下にあって、その後に創業した田中土建工業を大きくし、実業家となってかなりの利益を得たのであった。

子どもにおみやげ代の現金

以上のエピソードからも分かるように、異形の首相といわれる田中角栄は、天皇や大日本帝国に対し、畏《おそ》れとか敬うといった心情はそれほど持ち合わせていないかのようだ。国家と個人を対峙《たいじ》させたとき、何のためらいもなく個人を選択する人物であり、自分の人生は自分のものであり、他人のものではないという、はっきりとした考えの持ち主だった。

そういう意味では、昭和のなかで希有《けう》の首相であった。またそのようなところがわれわれのなかの本音の部分で、何か田中に通じるものがあったのではないだろうか。

田中はよく、政治思想がないといわれてきた。彼にとっては政治思想というような難しいことよりも、腹一杯うまいものを食べて、いい洋服を着て、いい家に暮らして、そして物が有り余った状態が人間の幸せだろうという考えだった。精神的な充足感はその次の段階である。とにかく物量で欲望が満たされる社会をつくろう、というのが彼の基本的なポリシーだった。

その考えを示すエピソードも少なくない。文部省主催の小中学生の作文コンクールで入選した子どもたちが東京に集められて表彰されたとき、文部省の官僚とともに首相官邸へ行き、田中首相を表敬訪問したことがあった。

普通の首相だったら、よく頑張ったなどと激励しながら子どもを褒めるだけで終わるのだが、田中は違った。

「国へ帰るときにお父さんお母さんにおみやげを買って帰りなさい」

そういって、子どもたち全員に財布から現金をとりだして渡したというのだ。

引率していった文部省の官僚の困惑した表情が目に浮かぶような話である。文部省としては、作文がうまい子どもに首相が小遣いを与えるという慣例をつくってもらっては困るのである。とはいっても、首相が渡した現金を回収するわけにいかない。

田中としては、懸命に作文を書いて、いい成績を取って、そして東京へ出てきたのだから、家に帰るときに両親にみやげを買って帰ることは、何の不思議もない。子どもたちにお金を渡すことの意味はほとんど考えていない。おみやげを買って帰りなさいということだけ考えている。新潟の自分の選挙区の人が来たら、帰りにはおみやげを買って帰れといって現金を渡すのと同じ延長線上にある。

実際、子どもがおみやげを持って帰ったら親は喜ぶだろう。田中はそういった、われわれが日常のなかで行っていることをそのまま、どこであろうが平然と進めるタイプだった。

日本では、かつて富める者は、本宅以外にも外に複数の家庭を持っていた。今の感覚だと、それは擬似的な家庭だとか女性への侮辱だとか批判される。しかし、現実はそうではない。

生活に困っている女性とその子どもがいて、富める者が彼女を援助し、家を建てて生活の面倒をみる。関係を持つ、持たないというのは二次的、外面的なことであって、重要なのは富の分配であり、生活に困っている人を助ける、つまり社会福祉だという理屈だった。

古い昔気質《かたぎ》の財界人、政治家にはそのような人が多いが、田中角栄もそのタイプに似ているように思える。今日の視点から見ると、社会倫理、社会正義には大きく反してはいるが、こむずかしい話や理想論よりも、まず腹一杯食べられること、つまり物量の欲望が満たされるという点に重きを置いた姿勢である。それは、日本人の社会のなかのある価値感を代弁しており、だからこそ田中は首相になれたのだと思う。

田中錬金システムへの批判

明治期の議会政治の初期から昭和二十年代、三十年代にかけての日本の政争は、極端な金権の争いともいえた。自民党の総裁選はポストと金をばらまいての闘いであり、金のない代議士は集金するためにあちこちをかけずり回っていた。政界と財界と官界のトライアングル構造のなかで莫大《ばくだい》な金が動き、政治資金が自民党に流れこんだ。

そんな構図のなかで田中は、このトライアングルのなかに入らず、別の手法で政治資金を増やしていった。

具体的には、ペーパーカンパニーをつくり、土地転がしを行っていった。議員立法を積極的に行い、新潟県の土木工事には予算をぶんどり、河川敷に土地を買って護岸工事をして、そこを売って利益を得る。新潟は雪が降るから除雪という仕事にも国家予算をつける。予算をつけると、冬の仕事のないときに除雪でお金がもらえるから地元の建設業者は喜ぶ。そのための法整備を田中は行った。

これはもう、日本の政官財もたれ合いのトライアングル体制そのものを、田中はこれをまったくの個人で、それも身内意識で特別の意識もなく行ったのである。

たとえば、島根県の人びとが田中の元に陳情に来ても、島根のことなら島根の代議士にお願いしろという。代議士が地元の有権者にお返しするのは当たり前だというのが田中の論理であった。

ある意味では国家の予算を私物化し、自分の関係するところだけで予算を振り撒《ま》いて、さらに私的企業グループを数多くつくって金を生んでいく。こういった田中の金権至上主義の手法は、今から見ると収賄や便宜供与などに抵触するのだろうが、昭和三十年代、四十年代のある時期まで、日本の社会ではまったく問題にされなかった。むしろ「あの男はやり手だ」と評された。

ところが昭和四十九年、田中のこの金権構造のからくりを月刊『文藝春秋』が暴いた。十月十日発売の十一月号に、立花隆《たちばなたかし》の「田中角栄研究――その金脈と人脈」と児玉隆也《こだまたかや》の「淋《さび》しき越山会の女王」の二本のレポートが掲載された。同誌は瞬く間に書店から消え去り、めったにないことだが月刊誌が増刷するほどの凄《すさ》まじい売れ行きを示した。

十月二十二日、外遊直前ということで自らの外交政策を説明する講演を外国人記者クラブで行った田中は、そこで外国人記者たちから手厳しい質問攻めに遭う。さらに、その模様が「ニューヨークタイムズ」や「ワシントンポスト」といったアメリカの有力紙に相次いで掲載され、日本の首相が権力を使って金をためていると報じられたのである。

『文藝春秋』が刊行されたときは、田中は自分が悪いことを行ったという意識はまったくなく、自分の権力の座が揺らぐことなど露ほども予想していなかった。しかし、外国人記者に強烈に叩かれ、さらに海外の有力紙に書きたてられると、その報道が日本へ逆流してきた。「田中、辞めろ」の声が、政界でもしだいに大きくなっていったのである。

普通名詞としての「田中角栄」

しかし、なぜこの時期に田中金脈批判のレポートが発表されたのであろうか。

あの記事は、ある意味で都市の中産階級の怒りを代弁していたのである。

前述したように、田中は身内をとくに優遇し、利益を惜しみなく与えていた。しかし、新潟の選挙民ではない都市の中産階級は、財産も何も持たず、政治の恩恵を受けていない。そういう人びとにとって、田中の錬金システムは許し難いものであった。なにより金権支配の田中から得るものはないのに、現実社会はカネがオールマイティの力をもつ状態になっている。それに対する怒りが大きかったのだ。

もうひとつは、政官財の本流、アッパー・トライアングルからの批判である。このとき田中角栄を見逃せば、問題の本質が自分たちのところへも飛び火する可能性がある。だからトカゲの尻尾《しっぽ》切りを狙ったのだ。

改めて、田中角栄の人物像やその処世を見ていったときに、そこには戦後社会の典型的な日本人像がある。そのことをつきつめていくと、「田中角栄」という政治家は私たちそのものだといえる。私たち庶民は倫理観を持つ半面、うまいことをやって金儲《もう》けをしてやろうという俗性も併せ持つ。この矛盾したわれわれという存在の一つの側面を、田中角栄は代弁していた。だから田中が首相になったとき、学歴がない人間でも総理大臣になれるといって、人々は快哉《かいさい》を叫んだ。それは、本能的に自分の気持ちの一端を代弁していることを知っていたのだ。このときの支持率は七十パーセントを超えていた。

ところが金脈問題がアメリカから逆流してきて、田中叩きが始まり、田中辞めろの大合唱になったときは、その支持率が十パーセント台にまで落ちていった。それは田中自身の責任もさることながら、われわれのなかに潜んでいる俗性と倫理性というものが、田中という人物を通じて顕《あら》わになった結果である、といえよう。

戦後にその政治力を拡大し得た田中角栄という政治家は、昭和という時代の反面教師、あわせ鏡のような存在でもあった。

それゆえ田中角栄という「固有名詞」は、「普通名詞」ともなったのだ。

田中角栄が狙われたもの

『文藝春秋』のレポートが世に出た二か月後の昭和四十九年十二月九日、田中内閣は総辞職して三木武夫内閣が発足した。さらに、それから約一年二か月後の昭和五十一年二月四日、アメリカの上院外交委員会の多国籍企業小委員会公聴会で、ロッキード社が日本に対する飛行機の売り込みの工作資金を、日本の商社あるいは政商と称される人物を通して日本の政界に撒いていたという証言がなされた。これが、のちに日本を震撼《しんかん》させるロッキード事件の発端である。

この工作資金の領収書は、お金の単位が「ピーナッツ」という名目で書かれていて、実はそれは丸紅《まるべに》などの裏金の領収書だった。この裏金のからくりについて、ロッキード社の副社長のコーチャンが、丸紅を通じて日本政府の高官に政治工作資金を渡していたと証言するなど、収賄の内実が少しずつ明らかになっていった。

この政府高官とは誰か。早くから田中角栄の名前も挙がっていた。田中はこのとき、自分が首相を辞めることになった金脈問題を整理して、世間が納得するような説明を行ったうえで再び復権しようとの思惑をもっていた。これに対し、首相の三木武夫はロッキード事件を徹底的に調べることを明らかにして、田中の思惑をつぶしていった。実際に、この事件は日本の政界を根底から揺るがすスキャンダルになっていくのである。

前述したように、この事件にはさまざまな解釈が可能である。アメリカによる田中の資源外交に対するバッシング、国際社会の政治地図が変わってしまう日中友好関係の先走り、日本のエスタブリッシュメントによる田中政治の排除、日本国内における政争、政治権力闘争という側面、日米間の古いタイプの資金工作の断ち切りという見方さえできる。

これ以外にも、日本の検察の挑戦といった側面もあった。それまで、法的な網をかいくぐって政治資金を調達していたことへの、法の側からの逆襲といえるだろう。その後語られる「検察正義」は、このときからである。

結局のところ、田中角栄の何が狙われたのだろうか。

田中は、われわれの欲望というものを政策化する政治家として登場した。そのため、われわれは彼にいろいろなものを要求した。だが、国際社会では国家元首クラスが話し合うときは、その国のメンタリティや知性が問われてくる。

田中の歴史的概念の希薄さというものが、とくに顕著に外交面では現れた。彼の粗雑な歴史観が、外国の指導者から見て日本人は与《くみ》しやすいと思われた。そういった点を巧みに見抜かれた。

「検察正義」の誕生

ロッキード事件の概要を、いわば政治的枠組みで説明すれば、以下のようになる。

（ロッキード事件における）田中の容疑は、首相在任中の昭和四十八年八月から四十九年三月までの間に五億円を受けとったというものであった。続いて橋本登美三郎《はしもととみさぶろう》元運輸相・佐藤孝行《さとうこうこう》同政務次官も逮捕された。三木首相の究明姿勢は国民の支持を得たが、自民党内では田中らの恨みを基盤に「三木降ろし」の動きが強まり、また若手グループが政治粛正を唱え新党「新自由クラブ」を結成するなど混迷が深まった。その結果五十一年十二月の総選挙で自民党は過半数割れの敗北を喫した。三木は退陣し福田内閣が成立したが、田中は刑事被告の身ながら復権の執念で強い権勢を保持し、福田赳夫以後の大平正芳《まさよし》・鈴木善幸《すずきぜんこう》・中曽根康弘の各内閣のキングメーカーと呼ばれた。五十八年十月十二日、田中は受託収賄罪で「懲役四年、追徴金五億円」の第一審判決を受けたが、すぐ控訴した。しかし六十年二月に脳梗塞《こうそく》で倒れ急速に政治的影響力を失い、平成二年（一九九〇）二月総選挙の立候補を断念した。同五年十二月十六日に田中が死亡したことにより公訴棄却となった。

（鳥海靖編『歴代内閣・首相事典』吉川弘文館）

これがロッキード事件での田中の位置づけであった。

このときの三木首相の役割は何だったか。三木は、日本の民主政治の名誉のために徹底糾明すると約束するが、これは田中を徹底的に叩くということだった。田中が二度と日本の政治に関わりを持てないように叩く、という宣戦布告である。これに対し、田中をはじめとする田中派が総力をあげて抵抗し、泥沼の政争となる。

一方検察庁は、事件の解明に乗り出した。戦後社会の汚職構造で、首相の職務権限など見えない闇の部分があった。しかし、田中に限って総理大臣の職務権限が問われたのは、日本社会の粛正という大義があったからだ。それと同時に検察が政治に介入するようになったのである。

検察はコーチャンに免責処分を与えて、田中を追及していった。ロッキード事件から三十五年経った今まで、田中を倒した「検察正義」が司法の間で受け継がれてきた。しかしそれが最近になって、奇妙な歪《ゆが》みを生じてきたのである。

検察側の強引な見立て

ロッキード事件での検察の見立ては、田中は職務権限をもって、トライスターの購入を丸紅の依頼を受けて全日空に命じたということである。田中は丸紅から五億円を受けとり、職務権限があるがゆえに運輸大臣を呼び、新機種としてロッキード社のトライスターを買えと言ったのだから、田中の収賄、丸紅の贈賄が成立するという見立てである。

だが、田中側に言わせると、閣議で運輸大臣にあの機種を買えなどと命令するのは、自分の管轄ではないし、そもそもそのような職務権限を自分はもっていないとの主張であった。

弁護人の主張は、

①運輸大臣には、民間航空会社の新機種選定の段階ではこれに介入するいかなる職務権限もない

②仮に運輸大臣に行政指導による新機種選定に介入する職務権限があったとしても、総理大臣の運輸大臣に対する指揮監督権発生の根拠となる閣議決定はないから、田中総理にはこの件に関して運輸大臣を指揮監督する職務権限はなかった。検察官主張の閣

議了解や閣議決定は、民間航空会社の新機種選定に関するものではないというものであった。

（木村喜助『田中角栄　消された真実』弘文堂）

さらに田中側は、五億円はもらっていない、五億円をもらっていない以上、そこには職務権限以前の、収賄贈賄は成り立たないと主張した。

ところが田中の秘書の榎本《えのもと》や丸紅の伊藤《いとう》専務は、五億円を田中側に渡し、それは田中のもとへ報告がいったと証言した。それに対し田中は、そんな報告は聞いていないと反論し、いわば泥仕合になった。

関係者の証言から事件の概要を整理してみると、秘書の榎本が五億円の現金を詰めたトランクを受け取り、田中のところへ行って、「丸紅から五億円入ったトランクをもらってきました」ということになる。ギャング映画か漫画にでも出てきそうな、何とも古典的な金の受け渡しだという印象を持ってしまうが、仮に秘書が五億円を受け取ったとしても、田中がその結果として、トライスターを買えと運輸大臣に命令したとは、私にはどうしても納得できない。

私は田中の味方をする気はまったくないが、検察の立件そのもののなかに、かなり強引な見立てがあったような感がする。

煽る検察、煽られるマスコミ、国民

だが、検事が作成した見立てにマスコミが呼応して、そこに犯罪空間ができあがっていった。この点では、マスコミは〝予断を事実化〟したともいえるだろう。弁護士は以下のように判決への不満を書いている。

一、二審の判決は、

①運輸大臣は全日空の新機種（次期旅客機）の選定作業に介入する権限があると解する

②内閣総理大臣は右作業に関し、閣議で決定した方針に基づいて運輸大臣を指揮監督する権限を有する

というものであり、この場合の閣議とは、

イ　昭和四五年一一月二〇日の「航空企業の運営体制について」と題する閣議了解

ロ　昭和四六年一二月一九日の「円の為替レートの切り上げにあたって」と題する政府声明についての閣議決定

ハ　昭和四七年七月一八日の衆議院・参議院各一名の議員の提出した質問主意書に対する答弁についての閣議決定（いわゆる八項目及び七項目の対外経済政策に関する閣議決

定）

がこれにあたるとして、田中総理には全日空の新機種選定に関して職務権限があったと認定した。これは検察官の主張する理論をそのまま認めたものである。（前掲書）

これまでの田中の人生をふり返ってみると、自らの才覚で金をつくってきた。このロッキード事件に連座した政商といわれる小佐野《おさの》賢治《けんじ》や児玉誉士夫も、同じ肌合いの人間である。彼らはすべて、政官財のエスタブリッシュメントが形づくったトライアングルからはみ出ている。その彼らに対し検察は、「首相の職務権限」というカードを使って、「検察の正義」を振りかざし、それにマスコミが乗り、国民が呼応した。そのような構図があるのかもしれない。弁護側はその不満をあからさまにしている。

田中前総理が逮捕され、起訴され、保釈されるにつれて、マスコミ報道は過熱する一方であった。田中前総理を、それまで今太閤《たいこう》などともてはやしていたマスコミが、一転して悪の権化、国民の敵、悪徳金権政治家といった虚像を作り上げていった。弁護団は検察のみならず、マスコミがつくりあげた世論に抗することも余儀なくされたのである。

（中略）

当時のマスコミ報道は、田中前総理が逮捕された時点から、有罪論のキャンペーンをはったと言ってよい。全面否認のまま外為法違反と受託収賄罪で起訴され、公判も始まらないうちから、有罪を既成事実とするかのような報道がなされていた。（前掲書）

昭和の代弁者、田中角栄

私の見るところ、田中にとって不快だったのは、三木武夫がふり回した正義感だったであろう。三木は、田中を叩くことだけを目的とした。そこで、田中はますます金権政治にこだわり、自らの政治資金で自分の派閥の代議士を増やしていった。

その数で、田中は自らを批判する日本社会と戦い、その代弁者である三木との戦いに出ていった。だがそれは、勝ち目のない戦いだった。田中はあまりにも、金と権力にまみれてしまっていたからである。

昭和五十八年十月十二日、一審判決として田中に懲役四年、追徴金五億円が言いわたされた。

田中自身、この判決にはそうとう怒り心頭だったようである。いかにも田中らしい言で反《はん》撥《ぱっ》している。

「風雪十年というが、まだ七年だ。でたらめな判決だ。あんなことをやれば、国会議員は全部有罪だ」（十月十二日）

判決後、私邸に戻った田中は、詰めかけた田中派議員を前に、時に涙まじりに激しく演説した。判決については、金銭授受の認定はもちろん、民間航空会社の機種選定を首相の準職務行為とした職務権限論に強い不満を感じたらしい。「町で女の人を呼びとめても、総理大臣の職務権限か」と怒った、ともいう。

「明治の人間は、天皇の裁判所と思っている。しかし、裁判で戦うのは国民の権利じゃないか」（十月十三日）

田中所感発表後、自民党内から「司法の尊厳を侵す」などの反発が出てきた。田中は、こうした考えを、天皇の名において裁いた戦前の司法のあり方にとらわれているもの、と一蹴《いっしゅう》。

（朝日新聞政治部『田中支配』朝日新聞社）

さらに田中は、決して議員を辞めないと言い、生きるか死ぬかの命懸けの戦いだと心情を吐露した。強気な姿勢をくずさなかった。

しかし、昭和六十年二月二十七日に脳梗塞で倒れ、急速に政治的影響力を失っていく。二年半後の昭和六十二年七月四日には、田中の右腕だった竹下登《たけしたのぼる》と金丸信《かねまるしん》が「経世会《けいせいかい》」をつくって田中派は分裂していく。その二十五日後のロッキード事件の控訴審で、一審支持・控訴棄却の判決が下された。

田中が政界を引退したのは平成二年一月二十四日だった。七十二歳のこの日まで勤続四十三年、当選十六回にわたる政治家人生だった。

昭和の七大事件の一つとして田中角栄を語ることは、やはり「田中角栄」が昭和という時代の国民の心理を代弁しているからである。その田中を冷静に見つめることで、私たちはロッキード事件の本質をいつか明確にしなければならない。それが、田中に自らの俗性を仮託した国民の義務である。

おわりに

昭和という時間のなかには、テロやクーデター（未遂）、革命行動など、自らの情念やその思いを具体的な行動にあらわして、その名を年表に刻んでいる人がいる。あるいは組織がある。いや、国家全体がそのような情念を行動で示してもいる。太平洋戦争など、その典型的なケースであろう。

第二部では、そのような情念や思いをもって起きた事件や事象の七つをとりあげ、その因果関係、当事者たちの心理、さらにはその事件、事象が日本社会にどのような影響を与えたかを考えた。

五・一五事件の橘孝三郎、二・二六事件の磯部浅一、太平洋戦争の東條英機、占領時の若手官僚たち、六〇年安保の樺美智子、三島事件の三島由紀夫、ロッキード事件の田中角栄と並べてみて、そこから私たちは何を感じるべきだろうか。もとよりこれらの人たちは、昭和のある時代に生きて、国民に何らかの影響を与えた人物たちである。それぞれの時代でも、そして現在にあっても、国民の受けとり方は各人でまったく異なっている。プラスイメージの人も、マイナスイメージを与える人もいるだろう。

だが、彼らの存在とそのイメージが多くの国民に焼きつけられていることは疑いえない。時代に何らかの影響を与えたとはいいうるのだ。その影響について私なりに語ったことにもなるのだが、しかし、それはあくまでも「私個人」の見方であり、どれだけの人と共有できるかはわからない。ただ言えることは、時代に何らかの影響を与えた人（あるいは組織）は、統一されたイメージで見られるのではなく、多様なものがあっていいということでもある。それが健全な社会の証《あかし》である。

したがって本文にふれながら、読者の皆さんがここにとりあげた事件、事象、そこに登場した人たちの像を確認しつつ、自らの歴史観や人物観に思いを馳《は》せればいいとも思う。歴史上の人物はそのようにして少しずつできあがっていくのではないかと、私には思える。

七つの事件、事象の当事者のなかで、私がもっとも会った回数が多いのは、五・一五事件の橘孝三郎であった。歴史上ではこの事件に連座したために、右翼や国家改造の運動家といった評もされるのだが、私はこの人物はそれだけではわりきれないと考えている。大正時代には武者小路実篤の「新しき村」と対比させられた「文化村（あるいは兄弟村）」をつくり、人道主義者として体制とはかかわりなく人間陶冶《とうや》の道をめざした。その橘のもっている人間的な地肌は、単にストイックであるだけでなく、人類のつくりだしたあらゆる知的空間に身を置いている勤勉さと律儀さがあった。

それなのに、なぜ橘はあの事件に加わることになったのか。そして獄中での懊悩《おうのう》を経て国体原理主義者に変容していくプロセスは、近代日本の知識人の典型的な例ではないだろうか。

私自身は、橘孝三郎を通して人間学というべきものを学んだが、そのことをこの章から汲《く》みとってもらえればとも思う。

また、東條英機や田中角栄については、私なりの見方で評伝を著した。その体験を通して、〈政治指導者が時代をつくり、時代が政治家をつくる〉との格言が実感できた。東條と田中は、その性格は際だった違いをもっている。東條的性格、東條的指導者は戦後日本には決して生まれない。同時に、田中のような性格と、田中的発想、そしてなによりその経歴は、戦前の日本では指導者になることなど考えられない。私は田中のような性格に関心をもつが、一方で戦前の日本の軍事主導体制は東條のような性格の軍人を選択し、そして東條がまたその体制を補完していったのだなとの感も受ける。

樺美智子や三島由紀夫について、私が同時代のなかで受け止めた印象や見方も、三十年、四十年という単位でまた変わってきている。その変わり方のなかに、事件や事象がどのようにして歴史上の見方に変わっていくか、の方程式もあるように思う。こうした書を著すことは私にとっても自己確認になる。

本書は中日文化センター（名古屋）での講座などをもとに大幅に加筆、補筆して著した。このような講演では三島事件を語る機会はなく、この事件を加えてあえて「七大事件」としている。第四章の日本国憲法制定時の官僚たちの回顧談は、月刊『文藝春秋』（二〇〇四年十二月号）に掲載した話を中心にしている。また参考文献は本文中に明記した。登場人物も一部敬称略になっていることを御理解いただきたい。刊行までには角川書店編集局第二編集部の古里学氏に多大なお世話をいただいた。改めて御礼を言いたい。

二〇一一（平成二十三）年一月

保阪　正康

本書は二〇〇九年十二月に小社より刊行された『太平洋戦争、七つの謎　官僚と軍隊と日本』と、二〇一一年三月刊『日本を変えた昭和史七大事件』を合本にし、改題の上、加筆修正したものです。

保阪正康（ほさか・まさやす）
1939（昭和14）年北海道生まれ。現代史研究家、ノンフィクション作家。同志社大学文学部卒。72年『死なう団事件』で作家デビュー。「昭和史を語り継ぐ会」を主宰し、個人誌『昭和史講座』の刊行や一連の昭和史研究で、2004年に第52回菊池寛賞を受賞。18年『ナショナリズムの昭和』（幻戯書房）で第30回和辻哲郎文化賞を受賞。近現代史の実証的研究をつづけ、これまでに約4000人から証言を得ている。同年には第72回北海道新聞文化賞（学術部門）も受賞。『陸軍省軍務局と日米開戦』（中公文庫）、『あの戦争は何だったのか』（新潮新書）、『東條英機と天皇の時代』（ちくま文庫）、『昭和陸軍の研究（上・下）』（朝日選書）など著書多数。

昭和史《しょうわし》七《なな》つの謎《なぞ》と七大事件《ななだいじけん》

戦争《せんそう》、軍隊《ぐんたい》、官僚《かんりょう》、そして日本人《にほんじん》

保阪正康《ほさかまさやす》

2020年 7月 10日　初版発行
2024年 2月 5日　7版発行

◆◇◇

発行者　山下直久
発　行　株式会社KADOKAWA
〒102-8177　東京都千代田区富士見 2-13-3
電話　0570-002-301（ナビダイヤル）

装丁者　緒方修一（ラーフイン・ワークショップ）
ロゴデザイン　good design company
オビデザイン　Zapp!　白金正之
印刷所　株式会社KADOKAWA
製本所　株式会社KADOKAWA

角川新書

ISBN978-4-04-082362-1 C0221